한자능력검정시험 대비
하루한장 **급수한자** 150자 학습

6급

"

한자를 잘 알면 문해력도 뛰어날까요?
그렇습니다!
우리말의 70% 이상이 한자로 이루어진 한자어이기 때문에
한자를 잘 알면 모르는 단어의 뜻을 유추할 수 있어서
글을 읽고 이해하는 능력이 높아지는 것이지요.

한자 공부는 어떻게 해야 할까요?
한자는 낱글자 하나하나를 무작정 암기하기보다는
그 한자가 쓰인 한자어를 함께 익히는 것이 효율적이에요.
그래야 우리말 어휘 실력도 쑥쑥 늘어난답니다.

한자 급수 시험에 도전하는 건 어떨까요?
한자 급수 시험은 일상 언어생활에서 많이 사용되는
기초 한자와 한자어를 수준별로 익히는 것이 목표랍니다.
그래서 한자 급수 시험은 체계적인 한자 공부와 함께
'합격'이라는 성취감을 맛볼 수 있는 좋은 도전이지요.

한자 급수 시험은 어떻게 준비하면 좋을까요?
"하루 한장 급수 한자"로 쉽고 재미있게 시작해 보세요.
완벽한 시험 대비는 물론, 우리말 어휘력과 문해력까지 꽉 잡는
일석이조(一石二鳥)의 효과를 볼 수 있답니다.

"

이 책의 구성과 특징

주제별 매일 학습

서로 관련 있는 한자를 모아 하루에 네 자씩 익혀요.

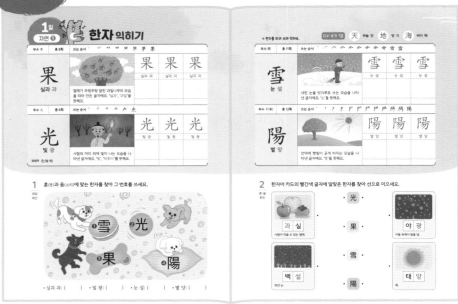

🖊️ 한자의 모양과 만든 원리를 함께 익히고, 쓰는 순서에 맞게 따라 쓰며 한자를 익힙니다.

🖊️ 놀이형 문제를 풀며 급수 한자와 한자가 쓰인 한자어를 재미있게 익힙니다.

🖊️ 한자능력검정시험 유형에 가까운 기초 문제를 풀면서 한자 실력을 키우고 급수 시험 문제 유형도 익힙니다.

🖊️ 교과서와 실생활에서 접한 한자어가 쓰인 짧은 지문을 읽으며 한자어 활용 능력을 향상시킵니다.

❝ 매일매일 한자와 한자어를 익혀 어휘력을 키워요! ❞

주제별로 학습한 한자를 모아 정리하고 복습해요.

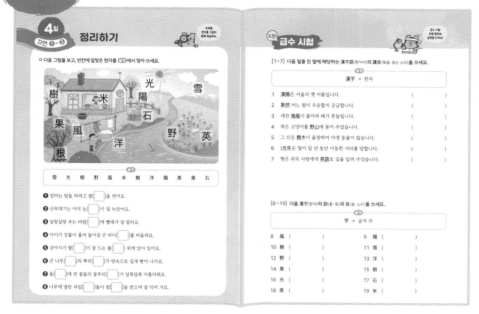

✏️ 주제별 한자를 그림으로 한눈에 확인하고, 자주 쓰이는 한자 표현을 문장에 적용하며 깊이 있게 이해합니다.

✏️ 한자능력검정시험의 기출 유형 문제를 40문제씩 풀어 보며 문제 해결 능력을 기르고, 시험에 대한 자신감을 높입니다.

한자능력검정시험 대비 모의 시험 1~3회

✏️ 한자능력검정시험 유사 문제를 풀며 실전 감각을 기르고, 실제 한자능력검정시험을 완벽하게 대비합니다.

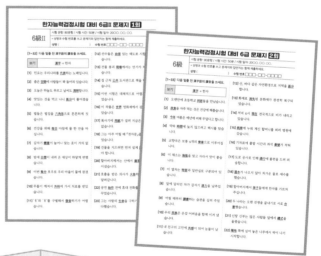

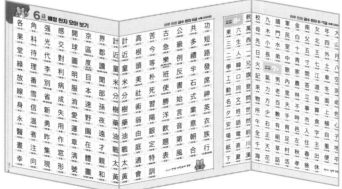

특별부록

6급 배정 한자 브로마이드

이 책의 차례

한자 익히기

부수 木	총 8획	쓰는 순서 `` ｜ 冂 冃 日 旦 里 果 果

果 실과 과	열매가 주렁주렁 달린 과일나무의 모습을 따라 만든 글자예요. '실과', '과일'을 뜻해요.	果 실과 과	果 실과 과	果 실과 과

부수 儿	총 6획	쓰는 순서 `` ｜ ｜ 业 业 光 光

光 빛 광	사람의 머리 위에 빛이 나는 모습을 나타낸 글자예요. '빛', '비추다'를 뜻해요.	光 빛 광	光 빛 광	光 빛 광

유의자 色(빛 색)

1 훈(뜻)과 음(소리)에 맞는 한자를 찾아 그 번호를 쓰세요.

모양
확인

① 雪 ② 光 ③ 果 ④ 陽

• 실과 과: (　　　) • 빛 광: (　　　) • 눈 설: (　　　) • 볕 양: (　　　)

● 한자를 따라 쓰며 익혀요.

부수 雨	총 11획	쓰는 순서 一 冖 冖 币 币 币 雨 雪 雪 雪

雪
눈 설

雪	雪	雪
눈 설	눈 설	눈 설

내린 눈을 빗자루로 쓰는 모습을 나타낸 글자예요. '눈'을 뜻해요.

부수 阝(阜)	총 12획	쓰는 순서 ' 阝 阝 阝 阝 阝 阝 阱 阹 陽 陽 陽

陽
볕 양

陽	陽	陽
볕 양	볕 양	볕 양

언덕에 햇빛이 곧게 비치는 모습을 나타낸 글자예요. '볕'을 뜻해요.

---

2 한자어 카드의 빨간색 글자에 알맞은 한자를 찾아 선으로 이으세요.

훈·음
확인

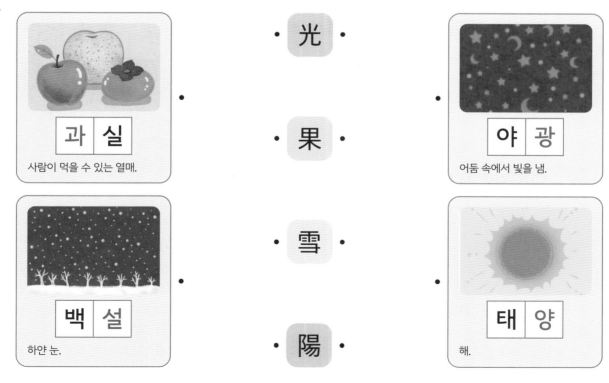

光 ·

과 실
사람이 먹을 수 있는 열매.

야 광
어둠 속에서 빛을 냄.

果 ·

雪 ·

백 설
하얀 눈.

태 양
해.

陽 ·

1 다음 한자의 훈(뜻)과 음(소리)을 쓰세요.

(1)　果　（　　　　　　　　　）

(2)　光　（　　　　　　　　　）

(3)　雪　（　　　　　　　　　）

(4)　陽　（　　　　　　　　　）

2 다음 밑줄 친 말에 해당하는 한자를 보기 에서 찾아 그 번호를 쓰세요.

보기

① 雪　　　② 果　　　③ 天　　　④ 陽　　　⑤ 光

(1) 내 방은 볕이 잘 들어서 아주 환합니다.　　→ （　　　　）

(2) 흰 눈이 펑펑 내려 소복하게 쌓였습니다.　　→ （　　　　）

(3) 과일나무마다 맛있는 과일들이 열렸습니다.　　→ （　　　　）

(4) 해가 떠오르자 온 세상이 빛으로 가득 찼습니다.　　→ （　　　　）

3 다음 밑줄 친 한자어의 독음(읽는 소리)을 쓰세요.

(1) 한낮이 되자 **陽地**에 있는 눈은 거의 다 녹았습니다.　（　　　　）

(2) 강원도 지역에 **大雪**이 내려 교통이 매우 혼잡합니다.　（　　　　）

(3) 할머니께서 만들어 주신 **水正果**를 맛있게 먹었습니다.　（　　　　）

4 다음 문장에 어울리는 한자어가 되도록 알맞은 한자를 보기에서 찾아 그 번호를 쓰세요.

보기

① 光　　　　② 雪　　　　③ 陽　　　　④ 果

(1) 눈이 쌓인 산은 ☐山　　　　　　　　➔ (　　　　　　)

(2) 햇볕의 따뜻한 기운은 ☐氣　　　　　➔ (　　　　　　)

(3) 달에서 비쳐 오는 빛은 月☐　　　　　➔ (　　　　　　)

5 다음 한자의 진하게 표시한 획은 몇 번째 쓰는지 보기에서 찾아 그 번호를 쓰세요.

보기

① 첫 번째　　② 두 번째　　③ 세 번째　　④ 네 번째
⑤ 다섯 번째　⑥ 여섯 번째　⑦ 일곱 번째　⑧ 여덟 번째

(1) 果 (　　　　　)　　(2) 光 (　　　　　)

한자어 활용

6 다음 글에서 한자어의 독음(읽는 소리)을 쓰세요.

暴雪(폭 ☐)은 많은 눈이 한꺼번에 내리는 현상을 말해요. 24시간 동안 20센티미터 이상의 눈이 쌓일 것으로 예상되면 대설 경보가 발령돼요. 많은 양의 눈이 한꺼번에 내리는 光景(☐ 경)은 아름답지만, 눈사태 같은 피해가 발생할 수 있어요.

* 눈사태: 많이 쌓였던 눈이 갑자기 무너지거나 빠른 속도로 미끄러져 내리는 일.

부수 木	총 16획	쓰는 순서 一 十 才 木 木 杧 杧 枯 桔 桔 桔 桔 楂 樹 樹			

樹
나무 수

유의자 木(나무 목)

손으로 어린 나무를 심는 모습을 나타낸 글자예요. '나무'를 뜻해요.

樹	樹	樹
나무 수	나무 수	나무 수

부수 木	총 10획	쓰는 순서 一 十 才 木 朳 朳 朳 柜 根 根			

根
뿌리 근

유의자 本(근본 본)

사람의 시선이 나무뿌리를 향하고 있는 모습을 나타낸 글자예요. '뿌리'를 뜻해요.

根	根	根
뿌리 근	뿌리 근	뿌리 근

1 훈(뜻)과 음(소리)에 해당하는 한자를 따라가 선으로 이으세요.

모양 확인

부수 石	총 5획	쓰는 순서 　一　厂　ナ　石　石

石
돌 석

벼랑 아래로 돌이 굴러떨어진 모습을 따라 만든 글자예요. '돌'을 뜻해요.

石 돌 석　　石 돌 석　　石 돌 석

부수 米	총 6획	쓰는 순서 　丶　ソ　二　半　米　米

米
쌀 미

벼 이삭에 쌀알이 달려 있는 모양을 따라 만든 글자예요. '쌀'을 뜻해요.

米 쌀 미　　米 쌀 미　　米 쌀 미

2

훈·음
확인

한자와 관련 있는 한자어 카드를 찾아 그 번호를 쓰세요.

❶

근 원
물줄기가 나오기 시작하는 곳.

❷

미 음
쌀에 물을 충분히 붓고 푹 끓여 체에 걸러 낸 음식.

❸

과 수 원
과일나무를 많이 심어 놓은 밭.

❹

화 석
아주 옛날의 생물의 뼈나 몸의 흔적이 돌이 되어 남아 있는 것.

(1) 樹: (　　　) (2) 根: (　　　) (3) 石: (　　　) (4) 米: (　　　)

실력 기르기

1 다음 한자의 훈(뜻)과 음(소리)을 쓰세요.

(1) 石 ( )

(2) 米 ( )

(3) 樹 ( )

(4) 根 ( )

2 다음 밑줄 친 말에 해당하는 한자를 보기에서 찾아 그 번호를 쓰세요.

보기

① 根 ② 數 ③ 石 ④ 米 ⑤ 樹

(1) 나무의 뿌리가 튼튼해야 잘 자랍니다. → ( )

(2) 뛰어가던 아이가 돌에 걸려 넘어졌습니다. → ( )

(3) 할아버지께서 농사지은 쌀을 보내 주셨습니다. → ( )

(4) 봄에 심은 나무가 잘 자라게 거름을 주었습니다. → ( )

3 다음 밑줄 친 한자어의 독음(읽는 소리)을 쓰세요.

(1) 자세히 보니 흰색 종이가 아니라 **米色** 종이였습니다. ( )

(2) 이 미술 작품은 단단한 **木石**들을 깎아 만든 것입니다. ( )

(3) 태풍으로 사과, 배 등을 재배하는 **果樹** 농가가 큰 피해를 입었습니다. ( )

4 다음 문장에 어울리는 한자어가 되도록 알맞은 한자를 보기에서 찾아 그 번호를 쓰세요.

> 보기
>
> ① 根   ② 樹   ③ 石   ④ 米

(1) 흰쌀은 白⬜   → (   )

(2) 살아 있는 나무는 ⬜木   → (   )

(3) 돌로 물건을 만드는 사람은 ⬜工   → (   )

5 다음 한자의 진하게 표시한 획은 몇 번째 쓰는지 보기에서 찾아 그 번호를 쓰세요.

> 보기
>
> ① 첫 번째   ② 두 번째   ③ 세 번째   ④ 다섯 번째
> ⑤ 일곱 번째   ⑥ 여덟 번째   ⑦ 아홉 번째   ⑧ 열 번째

(1) 根 (   )   (2) 米 (   )

한자어 활용

6 다음 글에서 한자어의 독음(읽는 소리)을 쓰세요.

> 街路樹(가 로 ⬜)는 길을 따라 줄지어 심은 나무를 뜻해요. 조선 시대에는 거리를 알기 위해 길가에 일정한 간격으로 나무를 심었다고 해요. 도시에 나무를 심으면 길을 아름답게 해 줄 뿐만 아니라 *대기 오염을 줄여 주는 一石二鳥(⬜ ⬜ ⬜ 조)의 효과가 있어요.
>
> * 대기 오염: 공장이나 자동차 등에서 나오는 매연, 먼지, 가스 등과 같은 나쁜 물질이 공기와 섞이는 일.

한자 익히기

부수 風	총 9획	쓰는 순서 丿 几 几 凡 凤 凤 風 風 風

風
바람 풍

봉황의 모습을 나타낸 글자예요. 봉황의 날갯짓으로 바람이 만들어진다고 생각해 '바람'을 뜻해요.

風	風	風
바람 풍	바람 풍	바람 풍

부수 里	총 11획	쓰는 순서 丶 冂 曰 曰 曰 甲 里 野 野 野 野

野
들 야

흙과 나무가 많은 곳을 나타내요. '들'을 뜻해요.

野	野	野
들 야	들 야	들 야

---

1 한자의 훈(뜻)과 음(소리)을 찾아 선으로 이으세요.

모양
확인

風 野 洋 英

꽃부리 영   들 야   바람 풍   큰 바다 양

다시 보기 7급   林 수풀 림   花 꽃 화   電 번개 전

부수 氵(水)	총 9획	쓰는 순서	` ` 氵 氵 氵 氵 氵 洋 洋		
洋 큰 바다 양		크게 무리를 지어 다니는 양(羊)의 특성을 이용한 글자예요. '큰 바다', '서양'을 뜻해요.	洋 큰 바다 양	洋 큰 바다 양	洋 큰 바다 양
부수 ++(艸)	총 9획	쓰는 순서	一 十 サ 芍 芍 芢 苌 英 英		
英 꽃부리 영		식물과 관련된 뜻을 더하는 ++(초두머리 초)를 이용한 글자예요. '꽃부리(꽃잎 전체)'를 뜻해요.	英 꽃부리 영	英 꽃부리 영	英 꽃부리 영

2 그림이 나타내는 한자어를 찾아 ∨표 하세요.

훈·음
확인

☐ 野외
집이나 건물의 밖.

☐ 英재
뛰어난 재주. 또는 그런 사람.

☐ 風차
바람의 힘으로 날개를 회전시켜 생기는 힘을 이용하는 장치.

☐ 서洋
유럽과 아메리카 지역.

☐ 洋복
서양식의 의복.

☐ 평野
지표면이 평평하고 넓은 들.

☐ 英어
영국에서 발생한 세계적으로 널리 쓰이는 언어.

☐ 風경
산이나 들, 강, 바다 등의 자연이나 지역의 모습.

실력 기르기

1 다음 한자의 훈(뜻)과 음(소리)을 쓰세요.

(1) 洋 (   )

(2) 英 (   )

(3) 風 (   )

(4) 野 (   )

2 다음 밑줄 친 말에 해당하는 한자를 보기 에서 찾아 그 번호를 쓰세요.

보기

① 林   ② 野   ③ 洋   ④ 英   ⑤ 風

(1) 강한 바람에 나뭇가지가 부러졌습니다.   → (   )

(2) 넓은 들에 노란 유채꽃이 활짝 피어 있습니다.   → (   )

(3) 선장은 큰 바다를 누비며 항해를 시작했습니다.   → (   )

(4) 이 꽃은 꽃부리가 다섯 갈래로 갈라져 있습니다.   → (   )

3 다음 밑줄 친 한자어의 독음(읽는 소리)을 쓰세요.

(1) 野生 동물들이 먹이를 찾아 마을로 내려왔습니다.   (   )

(2) 쓰레기가 바다로 흘러 들어가 海洋 오염이 심각합니다.   (   )

(3) 바람이 많이 부는 곳에서는 風力을 이용해 전기를 생
산합니다.   (   )

4 다음 문장에 어울리는 한자어가 되도록 알맞은 한자를 보기에서 찾아 그 번호를 쓰세요.

보기

① 英   ② 野   ③ 風   ④ 洋

(1) 크고 넓은 바다는 大 ☐   → (   )

(2) 들 가까이에 있는 낮은 산은 ☐ 山   → (   )

(3) 바다에서 육지로 불어오는 바람은 海 ☐   → (   )

5 다음 한자의 진하게 표시한 획은 몇 번째 쓰는지 보기에서 찾아 그 번호를 쓰세요.

보기

① 첫 번째   ② 두 번째   ③ 세 번째   ④ 네 번째
⑤ 다섯 번째   ⑥ 여섯 번째   ⑦ 일곱 번째   ⑧ 아홉 번째

(1) 英 (   )   (2) 風 (   )

한자어 활용

6 다음 글에서 한자어의 독음(읽는 소리)을 쓰세요.

洋弓(☐궁)은 서양식으로 만든 활과 화살을 이용하여 일정한 거리에 있는 과녁을 쏘아 점수를 겨루는 경기예요. 과녁의 한가운데를 맞히려면 여러 가지를 생각해야 해요. 화살이 날아가는 방향은 활의 무게 중심, 風向(☐향) 등과 밀접한 관계가 있어요.

정리하기

o 다음 그림을 보고, 빈칸에 알맞은 한자를 보기 에서 찾아 쓰세요.

보기

| 雪 | 光 | 根 | 野 | 風 | 米 | 樹 | 洋 | 陽 | 英 | 果 | 石 |

❶ 엄마는 밥을 하려고 쌀[　　]을 씻어요.

❷ 산꼭대기는 아직 눈[　　]이 덜 녹았어요.

❸ 살랑살랑 부는 바람[　　]에 빨래가 잘 말라요.

❹ 아이가 강물이 흘러 들어갈 큰 바다[　　]를 떠올려요.

❺ 강아지가 볕[　　]이 잘 드는 돌[　　] 위에 앉아 있어요.

❻ 큰 나무[　　]의 뿌리[　　]가 땅속으로 길게 뻗어 나가요.

❼ 들[　　]에 핀 꽃들의 꽃부리[　　]가 알록달록 아름다워요.

❽ 나무에 열린 과일[　　]들이 빛[　　]을 받으며 잘 익어 가요.

[1~7] 다음 밑줄 친 말에 해당하는 漢字語(한자어)의 讀音(독음: 읽는 소리)을 쓰세요.

> **보기**
>
> 漢字 → 한자

1 漢陽은 서울의 옛 이름입니다.　　　　　　　　　　　　　　(　　　　　)

2 果然 어느 팀이 우승할지 궁금합니다.　　　　　　　　　　(　　　　　)

3 세찬 海風이 몰아쳐 배가 흔들립니다.　　　　　　　　　　(　　　　　)

4 죽은 고양이를 野山에 묻어 주었습니다.　　　　　　　　　(　　　　　)

5 그 산은 樹木이 울창하여 야생 동물이 많습니다.　　　　(　　　　　)

6 1光年은 빛이 일 년 동안 이동한 거리를 말합니다.　　　(　　　　　)

7 형은 외국 사람에게 英語로 길을 알려 주었습니다.　　　(　　　　　)

[8~19] 다음 漢字(한자)의 訓(훈: 뜻)과 音(음: 소리)을 쓰세요.

> **보기**
>
> 字 → 글자 자

8 風 (　　　　　)　　　　9 陽 (　　　　　)

10 樹 (　　　　　)　　　11 雪 (　　　　　)

12 野 (　　　　　)　　　13 洋 (　　　　　)

14 果 (　　　　　)　　　15 根 (　　　　　)

16 光 (　　　　　)　　　17 石 (　　　　　)

18 英 (　　　　　)　　　19 米 (　　　　　)

[20~26] 다음 밑줄 친 漢字語(한자어)를 漢字(한자)로 쓰세요.

보기

한자 ➡ 漢字

20 한라산은 겨울 설산이 정말 아름답습니다. (   )

21 백미에 잡곡을 섞어 먹으면 건강에 좋습니다. (   )

22 가족들과 함께 야외로 나들이를 다녀왔습니다. (   )

23 우리나라의 풍토에 맞는 농작물을 심었습니다. (   )

24 나는 서양 음식 중에서 스파게티를 좋아합니다. (   )

25 계곡에서 단단하고 모양이 예쁜 수석을 주웠습니다. (   )

26 햇볕에 얼굴이 탈까 봐 양지를 피해 그늘로 갔습니다. (   )

[27~29] 다음 漢字(한자)와 뜻이 같거나 비슷한 것을 보기에서 찾아 그 번호를 쓰세요.

보기

① 本	② 色	③ 木

27 光 ― (   )   28 樹 ― (   )

29 根 ― (   )

[30~32] 다음 뜻에 맞는 漢字語(한자어)를 보기에서 찾아 그 번호를 쓰세요.

보기

① 風光	② 平野	③ 大雪	④ 石工

30 아주 많이 오는 눈. (   )

31 지표면이 평평하고 넓은 들. (   )

32 돌을 다루어 물건을 만드는 사람. (   )

[33~34] 다음 사자성어의 빈칸에 알맞은 漢字(한자)를 보기에서 찾아 그 번호를 쓰세요.

보기

① 果   ② 風   ③ 洋   ④ 光

33 洋(   )大海: 한없이 넓고 큰 바다.

34 電(   )石火: 번갯불이나 부싯돌의 불이 번쩍거리는 것과 같이 매우 짧은 시간. 또는 아주 재빠른 움직임을 의미하는 말.

[35~36] 다음 漢字(한자)와 音(음: 소리)은 같으나 訓(훈: 뜻)이 다른 것을 보기에서 찾아 그 번호를 쓰세요.

보기

① 林   ② 夕   ③ 手   ④ 根

35 石 (   )   **36** 樹 (   )

[37~38] 다음 漢字語(한자어)의 뜻을 풀이하세요.

37 風力: (   )

38 夕陽: (   )

[39~40] 다음 漢字(한자)의 진하게 표시한 획은 몇 번째 쓰는지 보기에서 찾아 그 번호를 쓰세요.

보기

① 첫 번째   ② 두 번째   ③ 네 번째   ④ 다섯 번째
⑤ 일곱 번째   ⑥ 아홉 번째   ⑦ 열 번째   ⑧ 열한 번째

39 雪 (   )   **40** 洋 (   )

| 부수 言 | 총 22획 | 쓰는 순서 `讠 讠 讠 讠 讠 訁 訁 訁 訁 詰 詰 讀 讀 讀 讀 讀 讀 讀 讀 讀 讀 讀` |

讀
읽을 독
구절 두

옛날에는 물건을 팔아 번 돈을 세며 중 얼거리는 일을 나타냈어요. 지금은 '읽다'를 뜻해요.

讀	讀	讀
읽을 독	읽을 독	읽을 독

| 부수 耳 | 총 14획 | 쓰는 순서 `丨 冂 冂 冂 冂 冂 門 門 門 門 門 門 聞 聞` |

聞
들을 문

문밖에서 나는 소리를 귀 기울여 듣고 있는 모습을 나타낸 글자예요. '듣다'를 뜻해요.

聞	聞	聞
들을 문	들을 문	들을 문

---

1 훈(뜻)과 음(소리)에 맞는 한자를 찾아 그 번호를 쓰세요.

모양
확인

❶讀　　❷書　　❸聞　　❹章

• 읽을 독: (　　　)　• 들을 문: (　　　)　• 글 서: (　　　)　• 글 장: (　　　)

부수 曰	총 10획	쓰는 순서	ㄱ ㄱ ㅋ ㅋ 聿 聿 書 書 書 書		
書 글 서			書 글 서	書 글 서	書 글 서
		말을 글로 적어 내는 모습을 나타낸 글자예요. '글'을 뜻해요.			

부수 立	총 11획	쓰는 순서	ㆍ ㆍ ㅕ ㅗ 立 产 产 音 音 童 章		
章 글 장			章 글 장	章 글 장	章 글 장
유의자 文(글월 문)		옛날에는 도구로 표식을 새기는 일을 나타냈어요. 지금은 '글', '문장', '도장'을 뜻해요.			

2

훈·음
확인

한자어의 빨간색 글자에 알맞은 한자를 보기 에서 찾아 그 번호를 쓰세요.

보기

❶ 讀　　　❷ 聞　　　❸ 書　　　❹ 章

도 **서**

책.

(　　)

독 자

책이나 신문, 잡지 등을 읽는 사람.

(　　)

도 **장**

나무 등의 재료를 깎아 이름을 새겨 어떤 것을 확인했음을 표시하는 데 쓰는 물건.

(　　)

견 문

보고 들음.

(　　)

1 다음 한자의 훈(뜻)과 음(소리)을 쓰세요.

(1) 聞　　（　　　　　　　　　）

(2) 章　　（　　　　　　　　　）

(3) 讀　　（　　　　　　　　　）

(4) 書　　（　　　　　　　　　）

2 다음 밑줄 친 말에 해당하는 한자를 보기에서 찾아 그 번호를 쓰세요.

보기

① 聞　　② 書　　③ 章　　④ 問　　⑤ 讀

(1) 감명 깊게 읽은 책을 친구에게 소개했습니다.　　→ （　　　　　）

(2) 다른 사람의 의견을 듣고 나서 말씀해 주십시오.　　→ （　　　　　）

(3) 내가 쓴 글에서 맞춤법이 잘못된 부분이 있는지 살펴보았습니다.

→ （　　　，　　　）

3 다음 밑줄 친 한자어의 독음(읽는 소리)을 쓰세요.

(1) 그가 부자라는 **所聞**이 온 동네에 퍼졌습니다.　　（　　　　　）

(2) 첫 번째 **文章**에 글쓴이의 주장이 드러나 있습니다.　　（　　　　　）

(3) 시험이 얼마 남지 않아 **讀書室**에서 늦게까지 공부를 했습니다.　　（　　　　　）

4 다음 문장에 어울리는 한자어가 되도록 알맞은 한자를 보기 에서 찾아 그 번호를 쓰세요.

보기
① 章　　　　② 讀　　　　③ 書　　　　④ 聞

(1) 책을 읽는 것은 ☐ 書　　　　　　　　　　→ (　　　　　　)

(2) 여러 번 들은 것은 百 ☐　　　　　　　　　→ (　　　　　　)

(3) 우리나라 고유의 시인 시조의 가운데 장은 中 ☐　→ (　　　　　　)

5 다음 한자의 진하게 표시한 획은 몇 번째 쓰는지 보기 에서 찾아 그 번호를 쓰세요.

보기
① 첫 번째　　② 두 번째　　③ 세 번째　　④ 네 번째
⑤ 다섯 번째　⑥ 여덟 번째　⑦ 열 번째　　⑧ 열한 번째

(1) 書 (　　　　　) (2) 章 (　　　　　)

한자어 활용

6 다음 글에서 한자어의 독음(읽는 소리)을 쓰세요.

書堂(☐ 당)은 옛날에 아이들이 글을 배웠던 곳이에요. 지금의 초등학교에 해당하지요. 이곳에서 가장 먼저 배우는 책은 『천자문』이었어요. 아이들은 『천자문』을 朗讀(낭 ☐)하며 한자를 읽는 법과 뜻을 익혔어요.

한자 익히기

부수 心	총 13획	쓰는 순서 ` ᅳ ᅩ ᅪ 立 产 音 音 音 音 意 意 意

意
뜻 의

내 뜻은…

마음의 소리를 나타내요. '뜻'을 뜻해요.

意	意	意
뜻 의	뜻 의	뜻 의

부수 亻(人)	총 7획	쓰는 순서 ノ 亻 亻 作 作 作 作

作
지을 작

사람이 옷깃에 바느질하고 있는 모습을 나타낸 글자예요. '짓다'를 뜻해요.

作	作	作
지을 작	지을 작	지을 작

1 한자의 훈(뜻)과 음(소리)을 보기 에서 찾아 같은 색으로 칠하세요.

모양
확인

보기

뜻 의 ●   지을 작 ●   제목 제 ●   말씀 언 ●

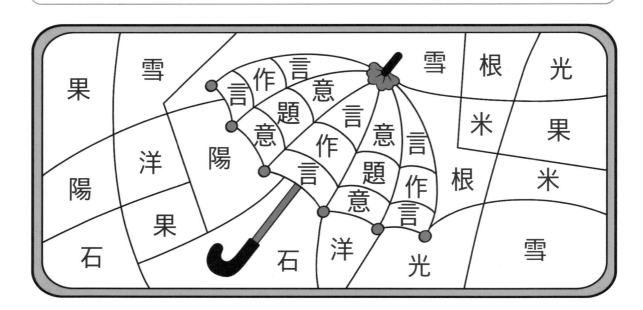

● 한자를 따라 쓰며 익혀요.

부수 頁	총 18획	쓰는 순서 丨 冂 冂 日 旦 昰 昰 昰 是 是 題 題 題 題 題 題 題 題

題
제목 제

옛날에는 얼굴의 시작 부분인 이마를 나타냈어요. 지금은 글의 시작 부분인 '제목'을 뜻해요.

題	題	題
제목 제	제목 제	제목 제

부수 言	총 7획	쓰는 순서 丶 二 亠 三 言 言 言

言
말씀 언

유의자 語(말씀 어), 話(말씀 화)

입에서 소리가 퍼져 나가는 모습을 나타낸 글자예요. '말씀'을 뜻해요.

言	言	言
말씀 언	말씀 언	말씀 언

2 그림이 나타내는 한자어의 뜻을 보고, 빈칸에 들어갈 한자를 찾아 ○표 하세요.

훈·음
확인

□가
시, 소설, 연극, 방송 대본, 그림 등을 처음으로 만들어 내는 사람.

言   作

방□
어떤 지역이나 계층의 사람들만 쓰는 독특한 언어.

言   題

□견
어떤 대상이나 현상 등에 대해 나름대로 판단하여 가지는 생각.

意   作

주□
대화나 연구 등에서 중심이 되는 문제.

題   意

실력 기르기

1 다음 한자의 훈(뜻)과 음(소리)을 쓰세요.

(1) 意 ( )

(2) 言 ( )

(3) 題 ( )

(4) 作 ( )

2 다음 밑줄 친 말에 해당하는 한자를 **보기**에서 찾아 그 번호를 쓰세요.

보기

① 言   ② 弟   ③ 題   ④ 作   ⑤ 意

(1) 선생님 말씀을 귀 기울여 들었습니다.   → ( )

(2) 책 제목이 인상 깊어서 읽게 되었습니다.   → ( )

(3) '봄'을 글감으로 시를 짓는 것이 숙제입니다.   → ( )

(4) 국어사전에서 모르는 낱말의 뜻을 찾아보았습니다.   → ( )

3 다음 밑줄 친 한자어의 독음(읽는 소리)을 쓰세요.

(1) 어려운 수학 **問題**를 척척 풀어내는 형이 부럽습니다.   ( )

(2) 우승 후보 팀이 결승전에 오르지 못하는 **意外**의 결과가 나왔습니다.   ( )

(3) 이순신 장군은 "나의 죽음을 적에게 알리지 말라."라는 **名言**을 남겼습니다.   ( )

4 다음 문장에 어울리는 한자어가 되도록 알맞은 한자를 **보기**에서 찾아 그 번호를 쓰세요.

보기

① 題   ② 言   ③ 意   ④ 作

(1) 문제를 내는 것은 出 ☐   → (   )

(2) 이름난 훌륭한 작품은 名 ☐   → (   )

(3) 같은 뜻을 이르는 말은 同 ☐   → (   )

5 다음 한자의 진하게 표시한 획은 몇 번째 쓰는지 **보기**에서 찾아 그 번호를 쓰세요.

보기

① 세 번째   ② 네 번째   ③ 다섯 번째   ④ 일곱 번째

⑤ 아홉 번째   ⑥ 열한 번째   ⑦ 열두 번째   ⑧ 열세 번째

(1) 意 (   )   (2) 作 (   )

한자어 활용

6 다음 글에서 한자어의 독음(읽는 소리)을 쓰세요.

팬터마임이란 대사를 한 마디도 하지 않고 표정과 **動作**(☐ ☐)만
으로 감정을 전달하는 연극이에요. 말을 하지 않는 연극이라서 우리나라
말로 '**無言劇**(무 ☐ 극)'이라고 하지요. 대사 없이 연기를 해야 하
므로 배우의 연기력이 뒷받침되어야 한답니다.

한자 익히기

부수 用	총 5획	쓰는 순서 ノ 刀 月 月 用

用 쓸 용	나무통의 모양을 따라 만든 글자예요. 지금은 '쓰다'를 뜻해요.	用 쓸 용	用 쓸 용	用 쓸 용

부수 衣	총 8획	쓰는 순서 一 二 キ 主 丰 耒 耒 表

表 겉 표	털로 만든 겉옷을 나타내요. '겉'을 뜻해요.	表 겉 표	表 겉 표	表 겉 표

1 한자의 훈(뜻)과 음(소리)을 찾아 선으로 이으세요.

모양
확인

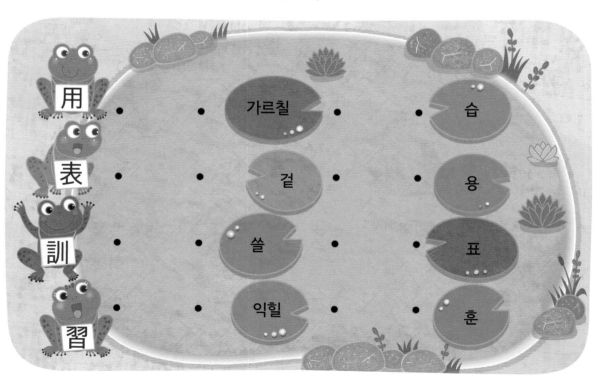

● 한자를 따라 쓰며 익혀요.

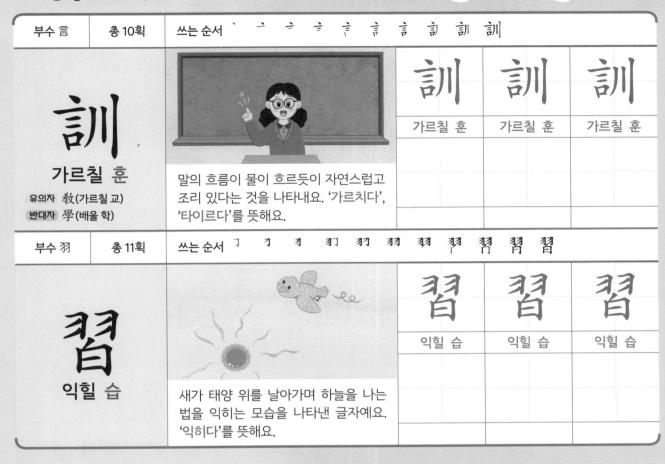

부수 言	총 10획	쓰는 순서	`　一　二　ニ　言　言　言　訂　訓　訓		

訓

가르칠 훈

유의자 教(가르칠 교)
반대자 學(배울 학)

訓	訓	訓
가르칠 훈	가르칠 훈	가르칠 훈

말의 흐름이 물이 흐르듯이 자연스럽고 조리 있다는 것을 나타내요. '가르치다', '타이르다'를 뜻해요.

부수 羽	총 11획	쓰는 순서	フ　フ　ヲ　ヲ　ヲ　ヲヲ　羽　習　習　習		

習

익힐 습

習	習	習
익힐 습	익힐 습	익힐 습

새가 태양 위를 날아가며 하늘을 나는 법을 익히는 모습을 나타낸 글자예요. '익히다'를 뜻해요.

---

2 한자어 카드의 빨간색 글자에 알맞은 한자를 (　　)에서 찾아 ○표 하세요.

훈·음
확인

복습

배운 것을 다시 익혀 공부함.

(用 , 表 , 訓 , 習)

표정

마음속에 품은 감정이나 생각 등이 얼굴에 드러남. 또는 그런 모습.

(用 , 表 , 訓 , 習)

학용품

공부할 때 필요한 물품.

(用 , 表 , 訓 , 習)

훈민정음

백성을 가르치는 바른 소리라는 뜻으로, 1443년에 세종이 창제한 우리나라 글자.

(用 , 表 , 訓 , 習)

실력 기르기

1 다음 한자의 훈(뜻)과 음(소리)을 쓰세요.

(1) 用 (   )

(2) 訓 (   )

(3) 習 (   )

(4) 表 (   )

2 다음 밑줄 친 말에 해당하는 한자를 **보기**에서 찾아 그 번호를 쓰세요.

보기

① 表   ② 訓   ③ 習   ④ 答   ⑤ 用

(1) 줄임말을 <u>쓰지</u> 않았으면 좋겠습니다.   → (   )

(2) 편지 봉투 <u>겉</u>에 주소와 이름을 적습니다.   → (   )

(3) 영상을 보며 영어 발음을 정확하게 <u>익혔습니다</u>.   → (   )

(4) 아버지께서는 저에게 정직하라고 <u>가르치셨습니다</u>.   → (   )

3 다음 밑줄 친 한자어의 독음(읽는 소리)을 쓰세요.

(1) 우리 집 **家訓**은 '항상 최선을 다하자'입니다.   (   )

(2) 설날에 웃어른께 세배를 드리는 **風習**이 있습니다.   (   )

(3) 산에서 나는 버섯 중에는 **食用**할 수 없는 독버섯도 있습니다.   (   )

4 다음 문장에 어울리는 한자어가 되도록 알맞은 한자를 보기 에서 찾아 그 번호를 쓰세요.

보기

① 習   ② 表   ③ 用   ④ 訓

(1) 사물의 가장 겉쪽은 ☐面   → (   )

(2) 가르침을 주는 말은 ☐話   → (   )

(3) 어떤 일에 쓰는 종이는 ☐紙   → (   )

5 다음 한자의 진하게 표시한 획은 몇 번째 쓰는지 보기 에서 찾아 그 번호를 쓰세요.

보기

① 두 번째   ② 세 번째   ③ 네 번째   ④ 여섯 번째

⑤ 일곱 번째   ⑥ 여덟 번째   ⑦ 열 번째   ⑧ 열한 번째

(1) 表 (   )   (2) 習 (   )

한자어 활용

6 다음 글에서 한자어의 독음(읽는 소리)을 쓰세요.

　　카멜레온은 **表皮**(☐피)가 딱딱해서 수분이 몸 밖으로 빠져나가지 않아요. 그래서 건조한 사막에서도 살 수 있지요. 카멜레온은 눈알을 여러 방향으로 굴려서 주변을 감시하는 **習性**(☐성)이 있어요. 가장 큰 특징은 몸 색깔을 바꾼다는 것이에요.

 주제별
한자를 그림과
함께 복습해요.

정리하기

○ 다음 그림을 보고, 빈칸에 알맞은 한자를 **보기**에서 찾아 쓰세요.

보기

題　言　訓　表　書　作　習　章　讀　意　用　聞

❶ 훈장님이 한자를 가르치고[　　] 있어요.

❷ 아이들이 읽는 책의 제목[　　]은 『천자문』이에요.

❸ 휴대폰을 쓰지[　　] 못하게 한쪽에 모아 두었어요.

❹ 겉[　　]이 빨갛게 익은 사과가 먹음직스러워 보여요.

❺ 어떤 아이는 오늘 익힌[　　] 한자를 비뚤비뚤 따라 써요.

❻ 한자로 글[　　, 　　]을 짓는[　　] 똑똑한 아이도 있어요.

❼ 아이들이 훈장님을 따라 한자의 뜻[　　]과 음을 읽어요[　　].

❽ 훈장님 말씀[　　]을 안 듣고[　　] 딴생각을 하는 아이도 있어요.

[1~7] 다음 밑줄 친 말에 해당하는 漢字語(한자어)의 讀音(독음: 읽는 소리)을 쓰세요.

> 보기
>
> 漢字 → 한자

1 저는 동화를 쓰는 **作家**가 되는 게 꿈입니다.　　　(　　　　　)

2 갑자기 잘해 주는 누나의 **意中**이 궁금합니다.　　　(　　　　　)

3 한 달에 두 권씩 **讀書**를 꾸준히 하고 있습니다.　　　(　　　　　)

4 수업이 끝난 후에 교실에 남아 **自習**을 했습니다.　　　(　　　　　)

5 들리는 **風聞**은 사실이 아니라는 게 밝혀졌습니다.　　　(　　　　　)

6 돈이 많아도 건강을 잃으면 아무 **所用**이 없습니다.　　　(　　　　　)

7 책의 앞**表紙**에는 제목과 글쓴이의 이름이 적혀 있습니다.　　　(　　　　　)

[8~19] 다음 漢字(한자)의 訓(훈: 뜻)과 音(음: 소리)을 쓰세요.

> 보기
>
> 字 → 글자 자

8 訓 (　　　　)　　　　**9** 習 (　　　　)

10 聞 (　　　　)　　　　**11** 題 (　　　　)

12 書 (　　　　)　　　　**13** 用 (　　　　)

14 表 (　　　　)　　　　**15** 意 (　　　　)

16 讀 (　　　　)　　　　**17** 章 (　　　　)

18 言 (　　　　)　　　　**19** 作 (　　　　)

[20~26] 다음 밑줄 친 漢字語(한자어)를 漢字(한자)로 쓰세요.

보기

한자 → 漢字

20 묻는 <u>문장</u> 끝에는 물음표를 씁니다.   (   )

21 조회 시간마다 교장 선생님 <u>훈화</u>를 들었습니다.   (   )

22 모기에 물려서 피부 <u>표면</u>이 부풀어 올랐습니다.   (   )

23 이 영화는 친구들의 우정을 <u>주제</u>로 만들었습니다.   (   )

24 잘 돌아가던 세탁기가 갑자기 <u>동작</u>을 멈추었습니다.   (   )

25 "아는 것이 힘이다."라는 <u>명언</u>을 책상에 붙였습니다.   (   )

26 저도 지각을 하면 벌점을 주자는 의견에 <u>동의</u>합니다.   (   )

[27~29] 다음 漢字(한자)와 뜻이 같거나 비슷한 것을 보기에서 찾아 그 번호를 쓰세요.

보기

① 文   ② 語   ③ 教

27 訓 — (   )   28 章 — (   )

29 言 — (   )

[30~32] 다음 뜻에 맞는 漢字語(한자어)를 보기에서 찾아 그 번호를 쓰세요.

보기

① 問題   ② 教習   ③ 名言   ④ 有用

30 쓸모가 있음.   (   )

31 답을 요구하는 물음.   (   )

32 지식이나 기술 등을 가르쳐 익히게 함.   (   )

[33~34] 다음 사자성어의 빈칸에 알맞은 漢字(한자)를 보기에서 찾아 그 번호를 쓰세요.

> 보기
> ① 表　　　　② 作　　　　③ 書　　　　④ 言

33 (　　　　　　　)心三日: 단단히 먹은 마음이 사흘을 가지 못한다는 뜻으로, 결심이 굳지 못함을 이르는 말.

34 一口二(　　　　　　　): 한 입으로 두말을 한다는 뜻으로, 한 가지 일에 대하여 말을 이랬다저랬다 함을 이르는 말.

[35~36] 다음 漢字(한자)와 音(음: 소리)은 같으나 訓(훈: 뜻)이 다른 것을 보기에서 찾아 그 번호를 쓰세요.

> 보기
> ① 書　　　　② 文　　　　③ 弟　　　　④ 長

35 聞 (　　　　　　)　　　　**36** 章 (　　　　　　　　)

[37~38] 다음 漢字語(한자어)의 뜻을 풀이하세요.

37 地表: (　　　　　　　　　　　　　　　　　　　　　　　　　)

38 作名: (　　　　　　　　　　　　　　　　　　　　　　　　　)

[39~40] 다음 漢字(한자)의 진하게 표시한 획은 몇 번째 쓰는지 보기에서 찾아 그 번호를 쓰세요.

> 보기
> ① 첫 번째　　② 세 번째　　③ 다섯 번째　　④ 일곱 번째
> ⑤ 아홉 번째　⑥ 열 번째　　⑦ 열세 번째　　⑧ 열네 번째

39 聞 (　　　　　　)　　**40** 書 (　　　　　　　)

한자 익히기

부수 口	총 6획	쓰는 순서 ⟋ ⟍ 夂 夂 各 各	各	各	各
			각각 각	각각 각	각각 각

各

각각 각

반대자 合(합할 합), 同(한가지 동), 共(한가지 공)

사람의 발이 입구에 도착한 모습을 나타낸 글자예요. 여럿이 따로 도착한다 하여 '각각', '따로'를 뜻해요.

부수 言	총 9획	쓰는 순서 ⟍ 一 二 言 言 言 言 計 計	計	計	計
			셀 계	셀 계	셀 계

計

셀 계

유의자 算(셈 산), 數(셈 수)

입으로 1에서 10까지 세는 모습을 나타낸 글자예요. '세다'를 뜻해요.

1 보기의 훈(뜻)과 음(소리)에 해당하는 한자를 차례대로 따라가 선으로 이으세요.

모양
확인

보기

각각 각 → 셀 계 → 모을 집 → 나눌 분 → 모을 집

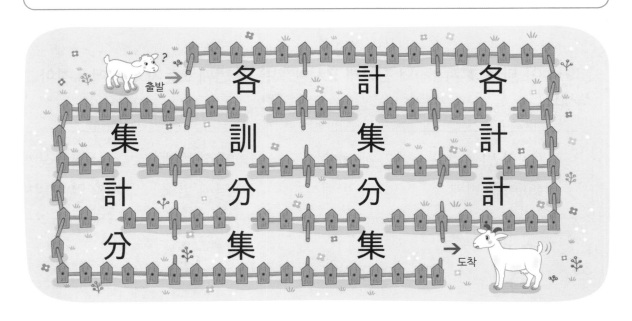

● 한자를 따라 쓰며 익혀요.

부수 刀	총 4획	쓰는 순서　ノ　八　分　分

分
나눌 분

유의자 別(나눌 별), 區(구분할 구)
반대자 合(합할 합)

어떤 물체를 칼로 반으로 나눈 모습을 나타낸 글자예요. '나누다'를 뜻해요.

分	分	分
나눌 분	나눌 분	나눌 분

부수 隹	총 12획	쓰는 순서　ノ　イ　イ　亻　亻　亻　亻　隹　隹　隼　集　集

集
모을 집

유의자 會(모일 회), 社(모일 사)

나무 위에 새가 앉아 있는 모습을 나타낸 글자예요. '모으다', '모이다'를 뜻해요.

集	集	集
모을 집	모을 집	모을 집

2 한자어 카드의 빨간색 글자에 알맞은 한자를 찾아 선으로 이으세요.

훈·음
확인

계 산

수를 헤아림.

분 류

종류에 따라서 가름.

집 합

사람들이 한곳으로 모임.

各　計　分　集

실력 기르기

1 다음 한자의 훈(뜻)과 음(소리)을 쓰세요.

(1) 分 ( )

(2) 各 ( )

(3) 集 ( )

(4) 計 ( )

2 다음 밑줄 친 말에 해당하는 한자를 보기 에서 찾아 그 번호를 쓰세요.

보기

① 集　　　② 各　　　③ 計　　　④ 分　　　⑤ 名

(1) 남은 사과가 몇 개인지 세어 보았습니다. → ( )

(2) 몇 달 동안 모은 돈을 은행에 저금했습니다. → ( )

(3) 둘이서 각각 만 원씩 내서 선물을 샀습니다. → ( )

(4) 케이크를 8조각으로 나누어 2조각씩 먹었습니다. → ( )

3 다음 밑줄 친 한자어의 독음(읽는 소리)을 쓰세요.

(1) 벽에 걸린 **時計**를 보니 점심시간이 다 되었습니다. ( )

(2) 청소 시간에 **各自**가 맡은 곳을 깨끗이 청소했습니다. ( )

(3) 이번 화재로 사망자 수가 열 명이 넘는 것으로 **集計**되었습니다. ( )

4 다음 문장에 어울리는 한자어가 되도록 알맞은 한자를 **보기**에서 찾아 그 번호를 쓰세요.

보기

① 分   ② 各   ③ 集   ④ 計

(1) 각각의 여러 나라는 [ ]國 → (   )

(2) 한곳을 중심으로 하여 모이는 것은 [ ]中 → (   )

(3) 본교에서 나누어져서 다른 지역에 따로 세운 학교는 [ ]校

→ (   )

5 다음 한자의 진하게 표시한 획은 몇 번째 쓰는지 **보기**에서 찾아 그 번호를 쓰세요.

보기

① 첫 번째   ② 두 번째   ③ 세 번째   ④ 네 번째
⑤ 다섯 번째   ⑥ 여섯 번째   ⑦ 일곱 번째   ⑧ 여덟 번째

(1) 各 (   )   (2) 計 (   )

한자어 활용

6 다음 글에서 한자어의 독음(읽는 소리)을 쓰세요.

곤충을 **採集**(채 [ ])해 관찰해 본 적이 있나요? 곤충은 몸이 머리, 가슴, 배의 세 **部分**(부 [ ])으로 나뉘고, 여섯 개의 다리가 있어요. 그런데 거미는 머리가슴, 배의 두 부분으로 나뉘어요. 또한 다리가 여덟 개이기 때문에 곤충이 아니에요.

한자 익히기

부수 角	총 7획	쓰는 순서 ＇ ＇ ＇ ＇ 角 角 角 角

角
뿔 각

角	角	角
뿔 각	뿔 각	뿔 각

주름이 있는 뾰족한 뿔의 모양을 따라 만든 글자예요. '뿔', '모퉁이'를 뜻해요.

부수 ＋	총 5획	쓰는 순서 ＇ ＇ 亠 兰 半

半
반 반

半	半	半
반 반	반 반	반 반

소 머리를 반으로 가르는 모습을 나타 낸 글자예요. '반', '절반', '가운데'를 뜻 해요.

1 모양 확인

사다리를 타고 내려가 훈(뜻)과 음(소리)에 알맞은 한자를 따라 쓰세요.

뿔 각	반 반	줄 선	많을 다

多 　 線 　 半 角

● 한자를 따라 쓰며 익혀요.

다시 보기 7급 百 일백 백 千 일천 천

부수 糸	총 15획	쓰는 순서 ㄥ 幺 幺 糸 糸 糸 糸 糸 紵 紵 紵 綅 綅 線 線
線 줄 선	 길게 이어져 있는 실을 나타내요. '줄', '선'을 뜻해요.	線 줄 선 / 線 줄 선 / 線 줄 선
부수 夕	총 6획	쓰는 순서 ノ ク 夕 夕 多 多
多 많을 다 반대자 少(적을 소)	 고기가 쌓여 있는 모습을 나타낸 글자예요. '많다'를 뜻해요.	多 많을 다 / 多 많을 다 / 多 많을 다

2 한자어의 빨간색 글자에 알맞은 한자를 보기에서 찾아 그 번호를 쓰세요.

훈·음 확인

보기

❶ 角 ❷ 半 ❸ 線 ❹ 多

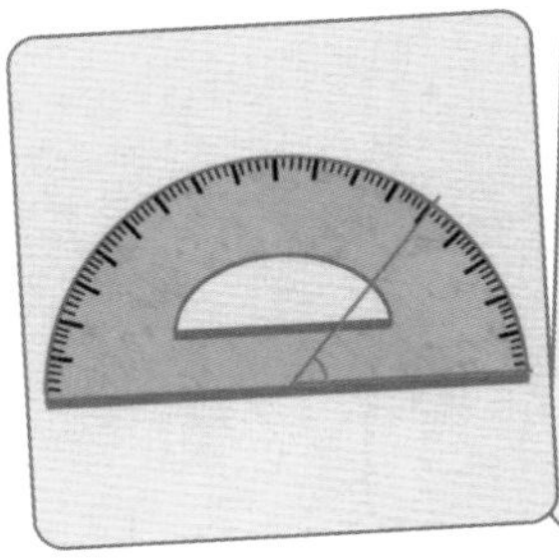

각도

한 점에서 갈려 나간 두 직선의 벌어진 정도.

( )

다정

정이 많음. 또는 정분이 두터움.

( )

절반

하나를 반으로 가름. 또는 그렇게 가른 반.

( )

차선

자동차가 다니는 도로에 표시한 선.

( )

실력 기르기

1 다음 한자의 훈(뜻)과 음(소리)을 쓰세요.

(1) 線 ( )

(2) 角 ( )

(3) 多 ( )

(4) 半 ( )

2 다음 밑줄 친 말에 해당하는 한자를 보기 에서 찾아 그 번호를 쓰세요.

보기
① 多   ② 角   ③ 先   ④ 線   ⑤ 半

(1) 사과를 반으로 잘라 형에게 주었습니다.   → ( )

(2) 급식을 받으려고 한 줄로 맞춰 섰습니다.   → ( )

(3) 우리 엄마는 아빠보다 한 살 더 많습니다.   → ( )

(4) 동물들의 뿔은 자기를 보호하기 위해 있습니다.   → ( )

3 다음 밑줄 친 한자어의 독음(읽는 소리)을 쓰세요.

(1) 우리 팀은 **後半**에 연속으로 두 골을 넣었습니다.   ( )

(2) **五線紙**에 그려진 음표를 보며 악기를 연주했습니다.   ( )

(3) 마을 주민 **大多數**가 쓰레기 처리장 설치를 반대합니다.   ( )

4 다음 문장에 어울리는 한자어가 되도록 알맞은 한자를 보기에서 찾아 그 번호를 쓰세요.

─── 보기 ───
① 半　　　② 多　　　③ 角　　　④ 線

(1) 네 개의 각은 四▢　　　　　　　　　　→ (　　　　　)

(2) 많이 읽는 것은 ▢讀　　　　　　　　　→ (　　　　　)

(3) 굽은 데가 없는 곧은 선은 直▢　　　　→ (　　　　　)

5 다음 한자의 진하게 표시한 획은 몇 번째 쓰는지 보기에서 찾아 그 번호를 쓰세요.

─── 보기 ───
① 첫 번째　　② 두 번째　　③ 세 번째　　④ 네 번째
⑤ 다섯 번째　⑥ 여섯 번째　⑦ 일곱 번째

(1) 角 (　　　　　)　　(2) 半 (　　　　　)

한자어 활용

6 다음 글에서 한자어의 독음(읽는 소리)을 쓰세요.

　　많은 사람들의 의견에 따라 결정하는 것을 '多數決(▢▢결)의 원칙'이라고 해요. 보통 다수결은 참석한 사람들 중 過半數(과▢ ▢)가 원하는 쪽으로 *의사를 결정해요. 예를 들면, 20명 중 11명 이상이 찬성해야 의견이 결정됩니다.

* 의사: 무엇을 하고자 하는 생각.

한자 익히기

부수 王(玉)	총 11획	쓰는 순서 ー † Ŧ 王 玎 尹 玎 玎 球 球 球

球 공 구	 옛날에는 둥글게 깎아 놓은 옥을 나타냈어요. 지금은 '공', '둥글다'를 뜻해요.	球 공 구	球 공 구	球 공 구

부수 彡	총 7획	쓰는 순서 ー = Ŧ 开 开 形 形

形 모양 형	干 干 두 개의 글자(干)가 비슷한 모양을 하고 있는 것을 나타내요. '모양', '형상'을 뜻해요.	形 모양 형	形 모양 형	形 모양 형

1 한자의 훈(뜻)과 음(소리)을 바르게 쓴 것을 모두 찾아 ○표 하세요.

모양
확인

球 공 구
形 모양 태
球 구할 구
番 밭 전
形 모양 형
番 차례 번
合 합할 합
合 모일 회

● 한자를 따라 쓰며 익혀요.

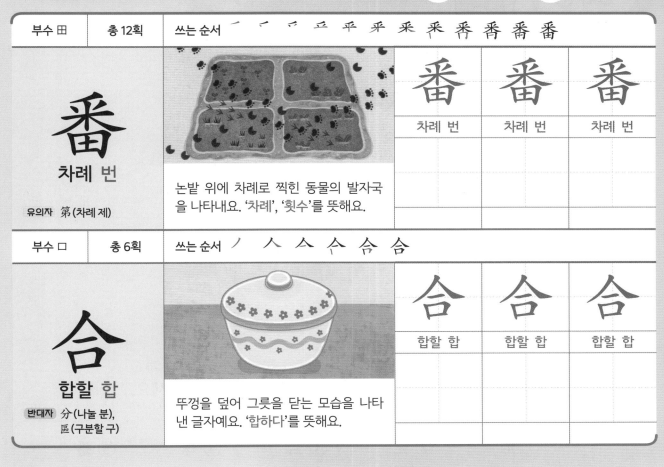

부수 田	총 12획	쓰는 순서	ノ ｲ ㅁ ㅛ 平 平 采 采 番 番 番 番

番
차례 번

유의자 第 (차례 제)

番	番	番
차례 번	차례 번	차례 번

논밭 위에 차례로 찍힌 동물의 발자국을 나타내요. '차례', '횟수'를 뜻해요.

부수 口	총 6획	쓰는 순서	ノ 人 스 스 合 合

合
합할 합

반대자 分 (나눌 분), 區 (구분할 구)

合	合	合
합할 합	합할 합	합할 합

뚜껑을 덮어 그릇을 닫는 모습을 나타낸 글자예요. '합하다'를 뜻해요.

---

2 한자어 카드의 빨간색 글자에 알맞은 한자를 찾아 선으로 이으세요.

훈·음
확인

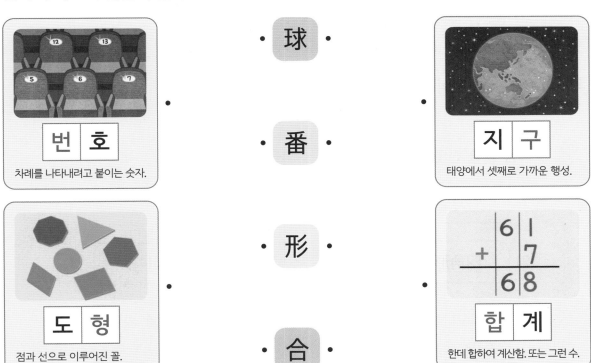

번	호

차례를 나타내려고 붙이는 숫자.

· 球 ·

· 番 ·

· 形 ·

· 合 ·

지	구

태양에서 셋째로 가까운 행성.

도	형

점과 선으로 이루어진 꼴.

합	계

한데 합하여 계산함. 또는 그런 수.

1 다음 한자의 훈(뜻)과 음(소리)을 쓰세요.

(1) 球 ( )

(2) 番 ( )

(3) 形 ( )

(4) 合 ( )

2 다음 밑줄 친 말에 해당하는 한자를 보기 에서 찾아 그 번호를 쓰세요.

보기

① 形　　　② 兄　　　③ 合　　　④ 球　　　⑤ 番

(1) 줄을 선 차례대로 버스에 올랐습니다. → ( )

(2) 공은 어느 방향으로 굴려도 잘 굴러갑니다. → ( )

(3) 색종이를 세모 모양이 되게 반으로 접습니다. → ( )

(4) 우리 네 식구의 나이를 합하면 80이 넘습니다. → ( )

3 다음 밑줄 친 한자어의 독음(읽는 소리)을 쓰세요.

(1) 野球는 공과 방망이를 가지고 하는 운동입니다. ( )

(2) 四角形은 변이 4개이고 꼭짓점이 4개인 도형입니다. ( )

(3) 우리 학교 학생들이 모두 함께 지진에 대비하기 위한 合同 훈련을 했습니다. ( )

4 다음 문장에 어울리는 한자어가 되도록 알맞은 한자를 보기에서 찾아 그 번호를 쓰세요.

보기
① 合　　　② 球　　　③ 番　　　④ 形

(1) 각각의 차례는 每 ☐　　　　　→ (　　　　)

(2) 여러 사람이 마음을 한데 합하는 것은 ☐心　　→ (　　　　)

(3) 물속에서 공을 상대편의 골에 넣는 경기는 水 ☐　→ (　　　　)

5 다음 한자의 진하게 표시한 획은 몇 번째 쓰는지 보기에서 찾아 그 번호를 쓰세요.

보기
① 첫 번째　　② 두 번째　　③ 세 번째　　④ 네 번째
⑤ 다섯 번째　⑥ 일곱 번째　⑦ 여덟 번째　⑧ 열한 번째

(1) 形 (　　　　)　　(2) 球 (　　　　)

한자어 활용

6 다음 글에서 한자어의 독음(읽는 소리)을 쓰세요.

> 독창은 노래를 혼자 부르는 形態(☐태)를 말해요. 제창은 애국가나 교가처럼 같은 가락의 노래를 다 함께 부르는 것을 말해요. 중창은 두 사람 이상이 각각 자기의 파트를 부르는 것이고, 合唱(☐창)은 여러 사람이 목소리를 맞추어 노래를 부르는 것이에요.

정리하기

주제별 한자를 그림과 함께 복습해요.

○ 다음 그림을 보고, 빈칸에 알맞은 한자를 보기에서 찾아 쓰세요.

보기

| 各 合 計 分 番 球 集 角 半 多 線 形 |

❶ 쓰레기를 모아[　　] 쓰레기통에 버려요.

❷ 회전목마의 개수를 세어[　　] 보니 열 개예요.

❸ 추로스 세 개의 가격을 합하면[　　] 구천 원이에요.

❹ 회전목마를 타려고 차례[　　]로 줄[　　]을 섰어요.

❺ 사람들은 각각[　　] 원하는 곳에서 도시락을 먹어요.

❻ 두 친구가 추로스를 반[　　]씩 나누어[　　] 먹어요.

❼ 사슴뿔[　　] 모양[　　]의 머리띠를 한 아이가 있어요.

❽ 놀이공원에 사람들이 많고[　　], 공[　　]처럼 생긴 열기구가 하늘에 떠 있어요.

[1~7] 다음 밑줄 친 말에 해당하는 漢字語(한자어)의 讀音(독음: 읽는 소리)을 쓰세요.

> 보기
>
> 漢字 ➡ 한자

1 자를 대고 반듯하게 **直線**을 그렸습니다. ( )

2 오늘은 **分數**의 덧셈과 뺄셈을 배웠습니다. ( )

3 전국 **各地**에서 피서객들이 몰려들었습니다. ( )

4 문제를 풀고 **計算**이 맞는지 다시 확인했습니다. ( )

5 요즘 30권짜리 세계 문학 **全集**을 읽고 있습니다. ( )

6 내 짝은 노래, 그림, 운동 등 **多方面**에 뛰어납니다. ( )

7 프로 야구 개막식을 보러 직접 **球場**을 찾아갑니다. ( )

[8~19] 다음 漢字(한자)의 訓(훈: 뜻)과 音(음: 소리)을 쓰세요.

> 보기
>
> 字 ➡ 글자 자

8 分 ( )   9 形 ( )

10 角 ( )   11 多 ( )

12 合 ( )   13 線 ( )

14 番 ( )   15 球 ( )

16 半 ( )   17 集 ( )

18 各 ( )   19 計 ( )

[20~26] 다음 밑줄 친 漢字語(한자어)를 漢字(한자)로 쓰세요.

> **보기**
>
> 한자 ➡ 漢字

20 편의점에 가서 삼각김밥을 사 먹었습니다.   (   )

21 끊어진 전선을 젖은 손으로 만지면 위험합니다.   (   )

22 그는 세계 각국을 돌아다니며 음악 공연을 합니다.   (   )

23 마을 전체가 합심해서 태풍 피해 복구를 했습니다.   (   )

24 인구가 도시로 집중하여 농촌에 일손이 부족합니다.   (   )

25 아이가 여럿인 다자녀 가정은 많은 혜택을 받습니다.   (   )

26 우리 팀은 전반에 뒤지다가 후반에 역전승을 했습니다.   (   )

[27~28] 다음 漢字(한자)와 뜻이 상대 또는 반대되는 것을 **보기**에서 찾아 그 번호를 쓰세요.

> **보기**
>
> ① 半   ② 少   ③ 分

27 多 ↔ (   )   28 合 ↔ (   )

[29~31] 다음 뜻에 맞는 漢字語(한자어)를 **보기**에서 찾아 그 번호를 쓰세요.

> **보기**
>
> ① 各自   ② 集合   ③ 合算   ④ 每番

29 합하여 계산함.   (   )

30 각각의 자기 자신.   (   )

31 사람들이 한곳으로 모임.   (   )

[32~33] 다음 사자성어의 빈칸에 알맞은 漢字(한자)를 보기에서 찾아 그 번호를 쓰세요.

보기

① 合   ② 形   ③ 集   ④ 計

32 形(   )色色: 모양과 빛깔 등이 서로 다른 여러 가지.

33 百年大(   ): 먼 앞날까지 미리 내다보고 세우는 크고 중요한 계획.

[34~36] 다음 漢字(한자)와 音(음: 소리)은 같으나 訓(훈: 뜻)이 다른 것을 보기에서 찾아 그 번호를 쓰세요.

보기

① 各   ② 名   ③ 先   ④ 口

34 角 (   )   **35** 球 (   )

36 線 (   )

[37~38] 다음 漢字語(한자어)의 뜻을 풀이하세요.

37 半年: (   )

38 多讀: (   )

[39~40] 다음 漢字(한자)의 진하게 표시한 획은 몇 번째 쓰는지 보기에서 찾아 그 번호를 쓰세요.

보기

① 첫 번째   ② 두 번째   ③ 세 번째   ④ 네 번째

⑤ 다섯 번째   ⑥ 여섯 번째   ⑦ 일곱 번째   ⑧ 여덟 번째

39 多 (   )   **40** 分 (   )

부수 行	총 11획	쓰는 순서 丿 ㇇ 彳 彳 彳 彳 術 術 術 術 術

術
재주 술

유의자 才(재주 재)

손을 빠르게 움직이는 모습을 나타낸 글자예요. '재주', '꾀', '수단'을 뜻해요.

術	術	術
재주 술	재주 술	재주 술

부수 弓	총 11획	쓰는 순서 ㄱ ㄱ 弓 弓' 弓'' 弓'' 弓'' 弓'' 強 強 強

強
강할 강

반대자 弱(약할 약)

옛날에는 강한 생명력을 가진 쌀벌레를 나타냈어요. 지금은 '강하다', '굳세다'를 뜻해요.

強	強	強
강할 강	강할 강	강할 강

1
모양 확인

한자의 훈(뜻)과 음(소리)을 보기 에서 찾아 같은 색으로 칠하세요.

보기

재주 술 ⬤   강할 강 ⬤   소리 음 ⬤   약할 약 ⬤

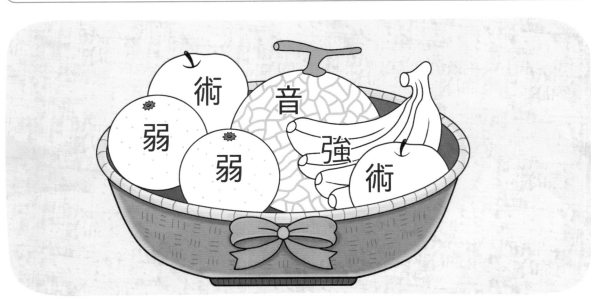

● 한자를 따라 쓰며 익혀요.

다시 보기 7급 色 빛 색 自 스스로 자 歌 노래 가

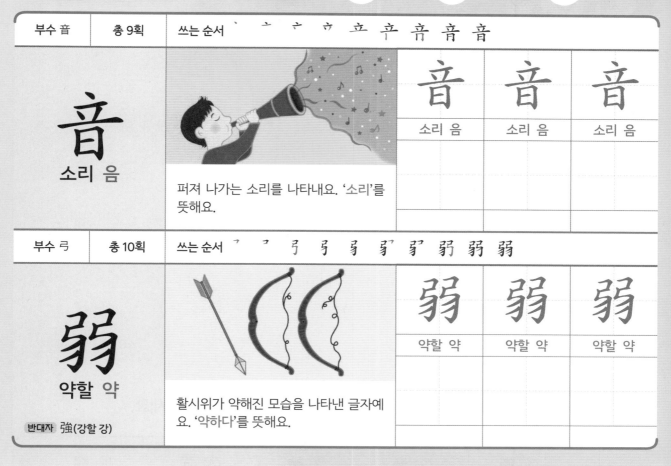

부수 音	총 9획	쓰는 순서 丶 亠 亠 立 立 产 音 音 音		
音 소리 음	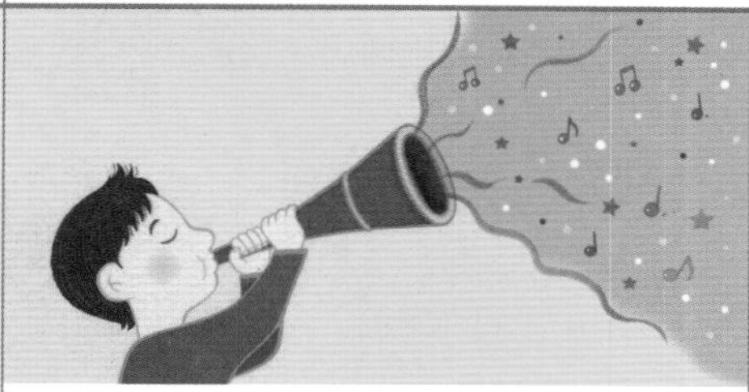 퍼져 나가는 소리를 나타내요. '소리'를 뜻해요.	音 소리 음	音 소리 음	音 소리 음

부수 弓	총 10획	쓰는 순서 ㇆ ㇆ 弓 弓 弓 弓 弓 弱 弱 弱		
弱 약할 약 반대자 強(강할 강)	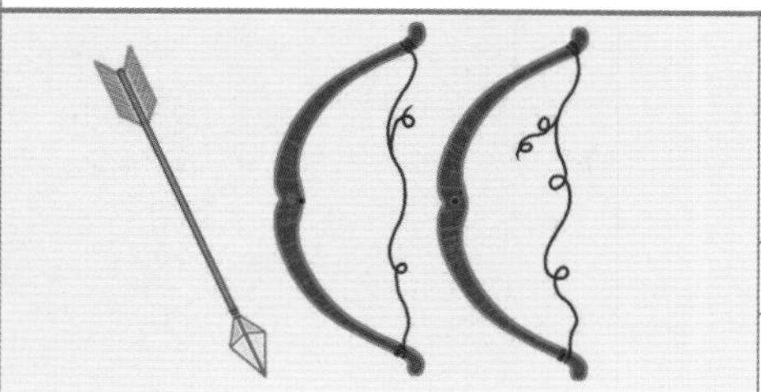 활시위가 약해진 모습을 나타낸 글자예요. '약하다'를 뜻해요.	弱 약할 약	弱 약할 약	弱 약할 약

2 그림이 나타내는 한자어를 찾아 V표 하세요.

훈·음 확인

☐ 무術
몸을 움직이거나 무기를 사용하여 상대를 공격하거나 상대의 공격을 막는 기술.

☐ 화音
높이가 서로 다른 둘 이상의 음이 함께 어울리는 소리.

☐ 막強
더할 수 없이 셈.

☐ 허弱
힘이나 기운이 없고 약함.

☐ 마術
사람의 눈을 교묘하게 속여 사람들을 즐겁게 해 주는 기술.

☐ 音악
목소리나 악기로 박자와 가락이 있게 소리 내어 표현하는 예술.

☐ 強조
어떤 부분을 특별히 강하게 주장하거나 두드러지게 함.

☐ 쇠弱
힘이 없고 약함.

1 다음 한자의 훈(뜻)과 음(소리)을 쓰세요.

(1) 強 ( )

(2) 音 ( )

(3) 弱 ( )

(4) 術 ( )

2 다음 밑줄 친 말에 해당하는 한자를 보기에서 찾아 그 번호를 쓰세요.

보기
① 術   ② 音   ③ 歌   ④ 強   ⑤ 弱

(1) 음악실에서 피아노 치는 소리가 들립니다.   → ( )

(2) 나무로 만든 악기는 열과 습기에 약합니다.   → ( )

(3) 엄마는 옷을 직접 만드는 재주가 있으십니다.   → ( )

(4) 이 노래는 중독성이 강해서 자꾸 듣게 됩니다.   → ( )

3 다음 밑줄 친 한자어의 독음(읽는 소리)을 쓰세요.

(1) 바이올린을 연주할 때 **強弱**을 잘 살려서 합니다.   ( )

(2) **手術** 결과가 좋아서 퇴원을 빨리 할 수 있습니다.   ( )

(3) 그 가수의 **音色**은 맑고 부드러워서 듣기에 좋습니다.   ( )

4 다음 문장에 어울리는 한자어가 되도록 알맞은 한자를 **보기**에서 찾아 그 번호를 쓰세요.

───── **보기** ─────
① 強　　　② 弱　　　③ 術　　　④ 音

(1) 세차게 부는 바람은 ☐風　　　　→ (　　　　)

(2) 같은 소리를 이르는 말은 同☐　　　→ (　　　　)

(3) 말을 잘하는 기술이나 재주는 話☐　　→ (　　　　)

5 다음 한자의 진하게 표시한 획은 몇 번째 쓰는지 **보기**에서 찾아 그 번호를 쓰세요.

───── **보기** ─────
① 첫 번째　　② 두 번째　　③ 네 번째　　④ 여섯 번째
⑤ 여덟 번째　⑥ 아홉 번째　⑦ 열 번째　　⑧ 열한 번째

(1) 術 (　　　　)　　(2) 強 (　　　　)

한자어 활용

6 다음 글에서 한자어의 독음(읽는 소리)을 쓰세요.

　　불쾌하고 시끄러운 소리 때문에 고통을 받은 적이 있을 거예요. 주택에서는 건물 안에 이중창과 커튼을 설치하면 騷音(소 ☐)을 줄일 수 있어요. 차가 많이 다니는 도로 주변에는 방음벽을 설치하면 시끄러운 차 소리를 弱化(☐ 화)시킬 수 있어요.

한자 익히기

부수 寸	총 14획	쓰는 순서	' ｜ ｜' ｜'' ｜'''' 业 业 业 业 业 业 對 對

			對	對	對
對 대할 **대**		여러 개의 초가 꽂힌 긴 촛대를 든 모습을 나타낸 글자예요. 불을 밝혀 누군가를 마주한다는 의미로 '대하다'를 뜻해요.	대할 대	대할 대	대할 대

부수 日	총 8획	쓰는 순서	｜ 冂 冂 日 日' 明 明 明

			明	明	明
明 밝을 **명**		해와 달이 함께 있는 모습을 나타낸 글자예요. '밝다', '나타나다', '명료하다'를 뜻해요.	밝을 명	밝을 명	밝을 명

1 그림에 있는 한자의 개수를 세어 쓰세요.

모양
확인

• 대할 대: (   )개 • 밝을 명: (   )개 • 누를 황: (   )개 • 푸를 록: (   )개

● 한자를 따라 쓰며 익혀요.

부수 黃	총 12획	쓰는 순서 一 十 共 井 芊 芊 苦 苦 苗 苗 黃 黃

黃
누를 황

옛날에는 황금색의 둥근 장신구를 허리에 두른 것을 나타냈어요. 지금은 '누렇다'를 뜻해요.

黃	黃	黃
누를 황	누를 황	누를 황

부수 糸	총 14획	쓰는 순서 ㄴ ㄠ ㄠ 幺 糸 糸 糸 終 紵 絳 綠 綠 綠 綠

綠
푸를 록(녹)

유의자 靑(푸를 청)

나무나 풀에서 얻은 색인 푸른색을 나타내요. '푸르다', '초록빛'을 뜻해요.

綠	綠	綠
푸를 록(녹)	푸를 록(녹)	푸를 록(녹)

2 한자와 관련 있는 한자어 카드를 찾아 그 번호를 쓰세요.

훈·음
확인

❶

녹 음

푸른 잎이 우거진 나무나 수풀. 또는 그 나무의 그늘.

❷

대 화

마주 대하여 이야기를 주고받음. 또는 그 이야기.

❸

발 명

아직까지 없던 기술이나 물건을 새로 생각하여 만들어 냄.

❹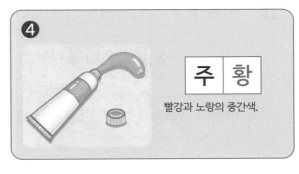

주 황

빨강과 노랑의 중간색.

(1) 對: (　　　　) (2) 明: (　　　　) (3) 黃: (　　　　) (4) 綠: (　　　　)

1 다음 한자의 훈(뜻)과 음(소리)을 쓰세요.

(1) 黃 (   )

(2) 對 (   )

(3) 明 (   )

(4) 綠 (   )

2 다음 밑줄 친 말에 해당하는 한자를 보기 에서 찾아 그 번호를 쓰세요.

보기
① 東   ② 綠   ③ 黃   ④ 對   ⑤ 明

(1) 들판에 벼가 누렇게 익어 갑니다.   → (   )

(2) 영화를 대하는 관객들의 수준이 높습니다.   → (   )

(3) 5월이 되니 나뭇잎이 푸르게 짙어져 갑니다.   → (   )

(4) 이 그림은 전체적으로 밝은 색깔로 그렸습니다.   → (   )

3 다음 밑줄 친 한자어의 독음(읽는 소리)을 쓰세요.

(1) 도심 한가운데에 나무를 심어 **綠地**로 만듭니다.   (   )

(2) 떨려서 친구들의 질문에 아무 **對答**도 못했습니다.   (   )

(3) 큰 목소리로 말해야 무슨 말인지 **分明**하게 들립니다.   (   )

4 다음 문장에 어울리는 한자어가 되도록 알맞은 한자를 보기에서 찾아 그 번호를 쓰세요.

───── 보기 ─────
① 綠　　　② 對　　　③ 黃　　　④ 明

(1) 밝고 환한 것은 光▢　　　　　　　　→　(　　　　　　)

(2) 풀과 같은 푸른빛을 띠는 색은 草▢色　　→　(　　　　　　)

(3) 서로 얼굴을 마주 보고 대하는 것은 ▢面　→　(　　　　　　)

5 다음 한자의 진하게 표시한 획은 몇 번째 쓰는지 보기에서 찾아 그 번호를 쓰세요.

───── 보기 ─────
① 첫 번째　　② 세 번째　　③ 네 번째　　④ 다섯 번째
⑤ 일곱 번째　⑥ 아홉 번째　⑦ 열 번째　　⑧ 열네 번째

(1) 黃 (　　　　)　　(2) 對 (　　　　　)

한자어 활용

6 다음 글에서 한자어의 독음(읽는 소리)을 쓰세요.

　　黃砂(▢사)는 중국과 몽골의 사막 지역에서 우리나라까지 불어오는 누런 흙먼지를 말해요. 이 흙먼지에는 우리 몸에 해로운 중금속이 섞여 있어요. 황사 문제를 해결하려면 중국과 몽골의 사막화를 막아야 하지만 시간이 오래 걸려요. 따라서 지금으로서는 황사 발생 시 對處(▢처) 방법을 알고 이를 지키는 것이 중요해요.

| 부수 口 | 총 14획 | 쓰는 순서 | 丨 冂 冂 冂 冂 冂 冏 冏 圖 圖 圖 圖 圖 圖 |

圖
그림 도

유의자 畫(그림 화)

| 圖 | 圖 | 圖 |
| 그림 도 | 그림 도 | 그림 도 |

옛날에는 변방 지역까지 그려진 지도를 나타냈어요. 지금은 '그림'을 뜻해요.

| 부수 田 | 총 12획 | 쓰는 순서 | 一 ㄱ ㅋ ㅋ 丰 聿 書 書 書 書 畵 畫 |

畫
그림 화
그을 획

유의자 圖(그림 도)

| 畫 | 畫 | 畫 |
| 그림 화 | 그림 화 | 그림 화 |

붓으로 그림을 그리고 있는 모습을 나타낸 글자예요. '그림', '그리다', '긋다'를 뜻해요.

1 도화지에 쓴 한자의 훈(뜻)과 음(소리)을 바르게 말한 친구를 모두 찾아 ○표 하세요.

모양
확인

❶ 느낄 감
❷ 그림 화
❸ 아름다울 미
❹ 그림 도

❶ 感 ❷ 圖 ❸ 美 ❹ 畫

● 한자를 따라 쓰며 익혀요.

다시 보기 7급　立 설 립　全 온전 전　心 마음 심

부수 心	총 13획	쓰는 순서 ノ 厂 厂 厂 厂 咸 咸 咸 咸 咸 感 感 感

感
느낄 감

오감을 통해 느끼는 일을 나타내요. '느끼다', '감동하다'를 뜻해요.

感	感	感
느낄 감	느낄 감	느낄 감

부수 羊	총 9획	쓰는 순서 ` ` ` ` ` ` 美 美 美

美
아름다울 미

머리에 양의 뿔이나 깃털로 아름답게 장식한 모습을 나타낸 글자예요. '아름답다'를 뜻해요.

美	美	美
아름다울 미	아름다울 미	아름다울 미

2 한자어 카드의 빨간색 글자에 알맞은 한자를 찾아 ○표 하세요.

훈·음
확인

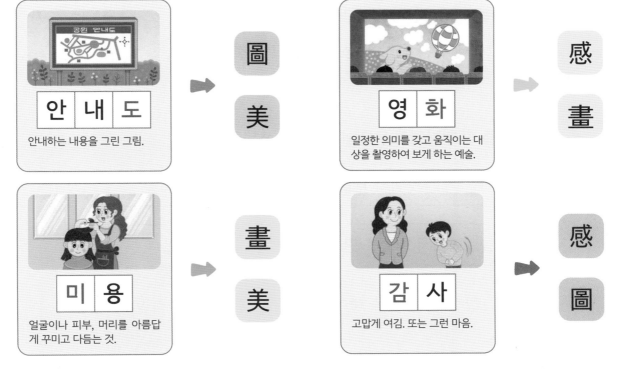

안 내 도

안내하는 내용을 그린 그림.

圖
美

영 화

일정한 의미를 갖고 움직이는 대상을 촬영하여 보게 하는 예술.

感
畫

미 용

얼굴이나 피부, 머리를 아름답게 꾸미고 다듬는 것.

畫
美

감 사

고맙게 여김. 또는 그런 마음.

感
圖

실력 기르기

1 다음 한자의 훈(뜻)과 음(소리)을 쓰세요.

(1) 美 (   )

(2) 畫 (   )

(3) 感 (   )

(4) 圖 (   )

2 다음 밑줄 친 말에 해당하는 한자를 보기에서 찾아 그 번호를 쓰세요.

보기

① 感   ② 畫   ③ 美   ④ 來   ⑤ 圖

(1) 한복을 입은 모습이 곱고 아름답습니다. → (   )

(2) 경주를 여행하면서 역사의 소중함을 느꼈습니다. → (   )

(3) 두 그림은 같은 산의 풍경을 보고 그린 것입니다. → (,   )

3 다음 밑줄 친 한자어의 독음(읽는 소리)을 쓰세요.

(1) 처음 가는 곳이라 **地圖**를 보면서 찾아갔습니다.   (   )

(2) 올림픽에서 메달을 딴 **所感**을 말씀해 주십시오.   (   )

(3) 그림 그리는 것을 좋아해서 **美術** 시간이 기다려집니다.   (   )

4 다음 문장에 어울리는 한자어가 되도록 알맞은 한자를 보기에서 찾아 그 번호를 쓰세요.

보기
① 畫　　　　② 感　　　　③ 圖　　　　④ 美

(1) 크게 느끼어 마음이 움직이는 것은 ☐動　→　(　　　　　)

(2) 그림을 그리는 등의 일을 하는 방은 ☐室　→　(　　　　　)

(3) 얼굴이 아름다운 여자를 부르는 말은 ☐女　→　(　　　　　)

5 다음 한자의 진하게 표시한 획은 몇 번째 쓰는지 보기에서 찾아 그 번호를 쓰세요.

보기
① 두 번째　　② 네 번째　　③ 다섯 번째　　④ 일곱 번째
⑤ 아홉 번째　⑥ 열한 번째　⑦ 열세 번째　⑧ 열네 번째

(1) 圖 (　　　　)　　(2) 美 (　　　　)

한자어 활용

6 다음 글에서 한자어의 독음(읽는 소리)을 쓰세요.

　　*서민들이 살아가는 모습을 그린 그림을 '風俗畫(☐ 속 ☐)'라고
해요. 김홍도는 조선 후기의 대표적인 풍속 畫家(☐☐)예요. 그는
「씨름」, 「서당」 등의 작품에서 서민들의 일상적인 모습을 재치 있고 實感
(실 ☐) 나게 표현했어요.

＊서민: 아무 벼슬을 가지지 못한 일반 사람.

정리하기

○ 다음 그림을 보고, 빈칸에 알맞은 한자를 보기 에서 찾아 쓰세요.

보기

美	強	術	黃	明	畫	音	感	對	圖	綠	弱

❶ 그림[　　, 　　]을 그려 주는 화가가 있어요.

❷ 뛰어난 재주[　　]를 가진 연주자가 기타를 쳐요.

❸ 밝은[　　] 햇빛에 푸른[　　] 나뭇잎이 반짝거려요.

❹ 음악을 대하는[　　] 할머니의 표정이 즐거워 보여요.

❺ 학생들은 벤치에 앉아 아름다운[　　] 풍경을 감상해요.

❻ 털이 복슬복슬한 누런[　　] 강아지가 산책을 나왔어요.

❼ 바이올린을 강하게[　　] 켰다가 약하게[　　] 켰다가 해요.

❽ 연주 소리[　　]에 감동을 느낀[　　] 사람들이 박수를 쳐요.

[1~7] 다음 밑줄 친 말에 해당하는 漢字語(한자어)의 讀音(독음: 읽는 소리)을 쓰세요.

보기

漢字 → 한자

1 양쪽의 **對立**된 의견이 좁혀지지 않고 있습니다. ( )

2 세계 유명 화가들의 **名畫** 전시회가 열렸습니다. ( )

3 **美食家**들이 추천할 만큼 음식 맛이 훌륭했습니다. ( )

4 그는 **話術**이 뛰어나서 사람들을 잘 설득시킵니다. ( )

5 경찰은 사고 현장에서 **明白**한 증거를 찾아냈습니다. ( )

6 조사한 내용을 알기 쉽게 **圖表**로 그려서 보여 줍니다. ( )

7 이순신 장군의 위인전을 읽고 깊은 **感動**을 받았습니다. ( )

[8~19] 다음 漢字(한자)의 訓(훈: 뜻)과 音(음: 소리)을 쓰세요.

보기

字 → 글자 자

8 感 ( ) 9 術 ( )

10 弱 ( ) 11 音 ( )

12 黃 ( ) 13 強 ( )

14 明 ( ) 15 對 ( )

16 綠 ( ) 17 圖 ( )

18 美 ( ) 19 畫 ( )

[20~27] 다음 밑줄 친 漢字語(한자어)를 漢字(한자)로 쓰세요.

보기

한자 → 漢字

20 형은 아빠의 물음에 짧게 <u>대답</u>을 했습니다.   (   )

21 <u>녹색</u> 채소를 많이 섭취하면 건강에 좋습니다.   (   )

22 강풍에 <u>간판</u>이 떨어지고 가로수가 뽑혔습니다.   (   )

23 플루트는 <u>음색</u>이 아주 맑고 깨끗한 악기입니다.   (   )

24 밤이 되자 높게 뜬 달에서 <u>광명</u>이 비추었습니다.   (   )

25 박물관에서 <u>황금</u>으로 장식된 왕관을 보았습니다.   (   )

26 누나는 얼굴이 예뻐서 <u>미인</u> 소리를 자주 듣습니다.   (   )

27 각도기와 자를 이용하여 여러 가지 <u>도형</u>을 그립니다.   (   )

[28~29] 다음 漢字(한자)와 뜻이 같거나 비슷한 것을 보기에서 찾아 그 번호를 쓰세요.

보기

① 圖   ② 靑   ③ 計

28 綠 ― (   )   29 畫 ― (   )

[30~32] 다음 뜻에 맞는 漢字語(한자어)를 보기에서 찾아 그 번호를 쓰세요.

보기

① 强力   ② 美術   ③ 對話   ④ 强弱

30 강함과 약함.   (   )

31 마주 대하여 이야기를 주고받음.   (   )

32 그림이나 조각처럼 아름다움을 표현하는 예술.   (   )

[33~34] 다음 사자성어의 빈칸에 알맞은 漢字(한자)를 **보기**에서 찾아 그 번호를 쓰세요.

보기

① 黃   ② 音   ③ 美   ④ 綠

33 八方(　　　　　)人: 어느 모로 보나 아름다운 사람.

34 草(　　　　　)同色: 풀빛과 녹색은 같은 빛깔이라는 뜻으로, 같은 처지의 사람끼리 어울리는 것을 이르는 말.

[35~36] 다음 漢字(한자)와 音(음: 소리)은 같으나 訓(훈: 뜻)이 다른 것을 **보기**에서 찾아 그 번호를 쓰세요.

보기

① 道   ② 黃   ③ 大   ④ 命

35 圖 (　　　　　)   **36** 對 (　　　　　)

[37~38] 다음 漢字語(한자어)의 뜻을 풀이하세요.

37 強國: (　　　　　　　　　　　　　　　　　　　　　　)

38 感動: (　　　　　　　　　　　　　　　　　　　　　　)

[39~40] 다음 漢字(한자)의 진하게 표시한 획은 몇 번째 쓰는지 **보기**에서 찾아 그 번호를 쓰세요.

보기

① 두 번째   ② 세 번째   ③ 다섯 번째   ④ 여섯 번째

⑤ 일곱 번째   ⑥ 여덟 번째   ⑦ 열한 번째   ⑧ 열세 번째

39 弱 (　　　　　)   **40** 感 (　　　　　)

부수 人	총 4획	쓰는 순서 ノ 人 스 今

| 今
이제 금
반대자 古(예고) | 옛날에는 입안에 무언가가 들어가 있다는 것을 나타냈어요. 지금은 '이제', '오늘'을 뜻해요. | 今 이제 금 | 今 이제 금 | 今 이제 금 |

부수 矢	총 12획	쓰는 순서 ノ ト ヒ ヒ 矢 矢' 矢' 矢' 矢' 短 短 短

| 短
짧을 단
반대자 長(긴 장) | 투호 놀이를 하는 것을 나타내요. 활을 쏠 때보다 투호 놀이로 화살을 던지는 거리가 짧아 '짧다', '가깝다'를 뜻해요. | 短 짧을 단 | 短 짧을 단 | 短 짧을 단 |

1 한자의 훈(뜻)과 음(소리)을 보기에서 찾아 같은 색으로 칠하세요.

모양 확인

보기

이제 금 🟧   짧을 단 🟥   비로소 시 🟩   예 고 🟨

● 한자를 따라 쓰며 익혀요.

부수 女	총 8획	쓰는 순서 ㄑ ㄑ 女 女 女 女 始 始

始
비로소 시

엄마가 아이에게 음식을 주는 일을 나타내요. 이를 통해 비로소 삶을 시작하게 된다는 의미로 '비로소'를 뜻해요.

始	始	始
비로소 시	비로소 시	비로소 시

부수 口	총 5획	쓰는 순서 一 十 十 古 古

古
예 고

방패와 입 모양을 합해 옛 전쟁 이야기를 들려주는 일을 나타내요. '옛날', '예전'을 뜻해요.

古	古	古
예 고	예 고	예 고

반대자 今(이제 금)

---

2 한자어의 빨간색 글자에 알맞은 한자를 보기에서 찾아 그 번호를 쓰세요.

훈·음
확인

보기

❶ 今　　　❷ 短　　　❸ 始　　　❹ 古

고 궁

옛 궁궐.

( )

시 작

어떤 일이나 행동의 처음 단계.

( )

지 금

말하는 바로 이때.

( )

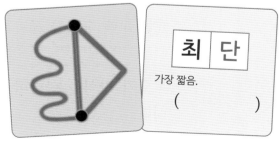

최 단

가장 짧음.

( )

1 다음 한자의 훈(뜻)과 음(소리)을 쓰세요.

(1) 始 ( )

(2) 今 ( )

(3) 古 ( )

(4) 短 ( )

2 다음 밑줄 친 말에 해당하는 한자를 보기에서 찾아 그 번호를 쓰세요.

보기

① 古 　　② 短 　　③ 金 　　④ 今 　　⑤ 始

(1) 방학이 짧은 것 같아 아쉬웠습니다. → ( )

(2) 이제부터 운동을 열심히 할 생각입니다. → ( )

(3) 형과 화해하고 비로소 마음이 편해졌습니다. → ( )

(4) 우리나라는 예부터 예절을 중요하게 여겼습니다. → ( )

3 다음 밑줄 친 한자어의 독음(읽는 소리)을 쓰세요.

(1) 유명 가수가 야구 개막전에서 **始球**를 던졌습니다. ( )

(2) **短時間**에 숙제를 끝마치고 축구를 하러 나갔습니다. ( )

(3) 부모가 자식을 사랑하는 것은 **東西古今**이 다르지 않습니다. ( )

4 다음 문장에 어울리는 한자어가 되도록 알맞은 한자를 보기에서 찾아 그 번호를 쓰세요.

보기
① 古 　　　　② 始 　　　　③ 短 　　　　④ 今

(1) 이번 해는 ☐年 　　　　　　　　　　→ (　　　　　)

(2) 아주 오래전에 나온 책은 ☐書 　　　　→ (　　　　　)

(3) 목숨이 짧다는 것을 이르는 말은 ☐命 　→ (　　　　　)

5 다음 한자의 진하게 표시한 획은 몇 번째 쓰는지 보기에서 찾아 그 번호를 쓰세요.

보기
① 첫 번째 　　② 두 번째 　　③ 세 번째 　　④ 네 번째
⑤ 다섯 번째 　⑥ 여섯 번째 　⑦ 일곱 번째 　⑧ 여덟 번째

(1) 始 (　　　　) 　　(2) 古 (　　　　)

한자어 활용
6 다음 글에서 한자어의 독음(읽는 소리)을 쓰세요.

우리나라 최초의 국가인 **古朝鮮**(☐ 조 선)에는 백성들을 다스리기 위한 8개의 법이 있었어요. 그중에서 **只今**(지 ☐)은 3개만 전해지고 있어요. "사람을 죽인 자는 사형에 처한다.", "남을 다치게 한 자는 곡식으로 갚는다.", "도둑질한 자는 노비로 삼는다."라는 내용이지요.

| 부수 日 | 총 9획 | 쓰는 순서 丨 丨 日 日 日 旷 昨 昨 昨 |

| 昨 어제 작 | | 昨 어제 작 | 昨 어제 작 | 昨 어제 작 |

잠깐 전에 지나간 날을 나타내요. '어제', '지난날'을 뜻해요.

| 부수 日 | 총 11획 | 쓰는 순서 フ 구 쿠 쿡 聿 聿 書 書 書 書 晝 |

| 晝 낮 주 유의자 午(낮 오) 반대자 夜(밤 야) | | 晝 낮 주 | 晝 낮 주 | 晝 낮 주 |

글공부를 하기 좋은 낮 시간을 나타내요. '낮', '정오'를 뜻해요.

1 훈(뜻)과 음(소리)에 맞는 한자를 찾아 그 번호를 쓰세요.

모양 확인

• 어제 작: (　　　)　　• 낮 주: (　　　)　　• 밤 야: (　　　)　　• 아침 조: (　　　)

● 한자를 따라 쓰며 익혀요.　다시 보기 7급　春 봄 춘　夏 여름 하　秋 가을 추　冬 겨울 동

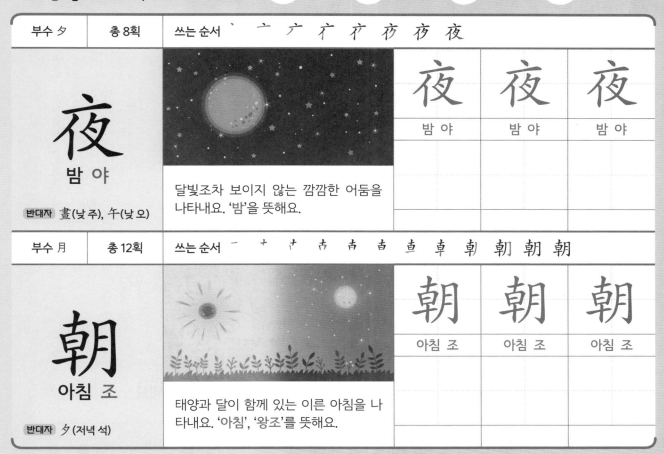

부수 夕	총 8획	쓰는 순서 ` 亠 广 疒 疒 疖 夜 夜

夜
밤 야

반대자 晝(낮 주), 午(낮 오)

달빛조차 보이지 않는 깜깜한 어둠을 나타내요. '밤'을 뜻해요.

夜	夜	夜
밤 야	밤 야	밤 야

부수 月	총 12획	쓰는 순서 一 十 十 古 古 卓 直 卓 朝 朝 朝 朝

朝
아침 조

반대자 夕(저녁 석)

태양과 달이 함께 있는 이른 아침을 나타내요. '아침', '왕조'를 뜻해요.

朝	朝	朝
아침 조	아침 조	아침 조

2

훈·음
확인

한자어 카드의 빨간색 글자에 알맞은 한자를 찾아 선으로 이으세요.

백	주

환히 밝은 낮.

야	식

밤에 먹는 음식.

조	석

아침과 저녁을 아울러 이르는 말.

　昨　　　晝　　　夜　　　朝

1 다음 한자의 훈(뜻)과 음(소리)을 쓰세요.

(1) 朝 ( )

(2) 夜 ( )

(3) 晝 ( )

(4) 昨 ( )

2 다음 밑줄 친 말에 해당하는 한자를 **보기**에서 찾아 그 번호를 쓰세요.

보기

① 晝　　② 朝　　③ 昨　　④ 書　　⑤ 夜

(1) 겨울철은 낮이 짧고 밤이 깁니다.　　→ ( )

(2) 시험공부를 하고 늦은 밤에 잠들었습니다.　　→ ( )

(3) 어제는 비가 내렸는데 오늘은 날이 맑습니다.　　→ ( )

(4) 아침에 일어나자마자 물 한 컵을 마셨습니다.　　→ ( )

3 다음 밑줄 친 한자어의 독음(읽는 소리)을 쓰세요.

(1) 이성계가 세운 조선 王朝는 오백 년 동안 이어졌습니다. ( )

(2) 삼촌은 晝間에는 일을 하고 야간에는 학교를 다닙니다. ( )

(3) 이것은 夜光 시계라서 어두운 곳에서도 시간을 알 수 있습니다. ( )

4 다음 문장에 어울리는 한자어가 되도록 알맞은 한자를 보기에서 찾아 그 번호를 쓰세요.

보기
① 昨　　　② 夜　　　③ 朝　　　④ 晝

(1) 아침에 먹는 밥은 ☐食　　　　　　→ (　　　　　)

(2) 밤에 열리는 시장은 ☐市場　　　　→ (　　　　　)

(3) 어제와 오늘을 이르는 말은 ☐今　→ (　　　　　)

5 다음 한자의 진하게 표시한 획은 몇 번째 쓰는지 보기에서 찾아 그 번호를 쓰세요.

보기
① 세 번째　　② 네 번째　　③ 다섯 번째　　④ 여섯 번째
⑤ 일곱 번째　⑥ 아홉 번째　⑦ 열한 번째　　⑧ 열두 번째

(1) 夜 (　　　　　)　　(2) 朝 (　　　　　)

한자어 활용
6 다음 글에서 한자어의 독음(읽는 소리)을 쓰세요.

　　꽃의 암술머리에 꽃가루가 붙는 것을 '꽃가루받이'라고 해요. 꽃은 바람이나 곤충, 새 등에 의해 이루어지는 꽃가루받이를 통해 씨앗을 만들어요. 꽃가루받이에 곤충을 이용하는 꽃 중에서 낮에 피는 꽃은 벌이나 나비처럼 낮에 활동하는 **晝行性**(☐ 행 성) 곤충을 이용해요. 그리고 밤에 피는 꽃은 나방 같은 **夜行性**(☐ 행 성) 곤충을 이용해요.

부수 斤	총 13획	쓰는 순서 ` ㅗ ㅓ ㅓ 효 ㅍ 辛 辛 辛 新 新 新 新

新
새 신

반대자 古(예 고)

도끼로 나무를 자르는 모습을 나타낸 글자예요. 나무를 잘라 새로운 물건을 만든다 하여 '새', '새로운'을 뜻해요.

新	新	新
새 신	새 신	새 신

부수 王(玉)	총 11획	쓰는 순서 ` ㅜ ㅜ 王 王 玑 玑 玑 珇 現 現

現
나타날 현

반대자 消(사라질 소)

빛이 나는 옥의 광채를 바라보고 있는 모습을 나타낸 글자예요. '나타나다', '드러나다'를 뜻해요.

現	現	現
나타날 현	나타날 현	나타날 현

1 모래사장에 쓴 한자의 훈(뜻)과 음(소리)을 바르게 말한 친구를 모두 찾아 ○표 하세요.

모양
확인

❶ 新 ❷ 現 ❸ 永 ❹ 由

❶ 새 신 ❷ 나타날 현 ❸ 길 영 ❹ 밭 전

부수 水	총 5획	쓰는 순서 ` 氵 氵 永 永

永
길 영

반대자 短(짧을 단)

永 길 영 | 永 길 영 | 永 길 영

물줄기가 멀리 뻗어 나가는 모습을 따라 만든 글자예요. '길다', '멀다'를 뜻해요.

부수 田	총 5획	쓰는 순서 丨 冂 日 由 由

由
말미암을 유

由 말미암을 유 | 由 말미암을 유 | 由 말미암을 유

방 안에 불을 밝히던 등잔의 모양을 따라 만든 글자예요. 어떤 일이 원인이 됨을 의미하는 '말미암다'를 뜻해요.

2 그림이 나타내는 한자어의 뜻을 보고, 빈칸에 들어갈 한자를 찾아 ○표 하세요.

훈·음
확인

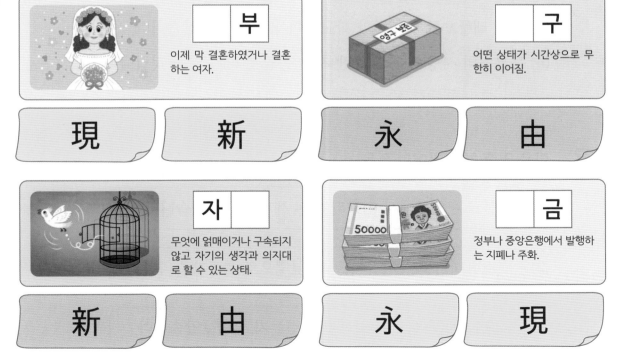

☐ 부
이제 막 결혼하였거나 결혼하는 여자.

現   新

☐ 구
어떤 상태가 시간상으로 무한히 이어짐.

永   由

자 ☐
무엇에 얽매이거나 구속되지 않고 자기의 생각과 의지대로 할 수 있는 상태.

新   由

☐ 금
정부나 중앙은행에서 발행하는 지폐나 주화.

永   現

실력 기르기

1 다음 한자의 훈(뜻)과 음(소리)을 쓰세요.

(1) 新 (   )

(2) 永 (   )

(3) 由 (   )

(4) 現 (   )

2 다음 밑줄 친 말에 해당하는 한자를 보기에서 찾아 그 번호를 쓰세요.

보기

① 由   ② 里   ③ 新   ④ 現   ⑤ 永

(1) 내일부터 <u>새</u> 학기가 시작됩니다.   → (   )

(2) 약을 먹은 뒤 30분이 지나자 효과가 <u>나타났습니다</u>.   → (   )

(3) 이번 태풍으로 <u>말미암아</u> 학교들이 휴교에 들어갔습니다. → (   )

(4) 부모님의 사랑은 길고 <u>오랜</u> 시간 동안 변하지 않을 것입니다.

→ (   )

3 다음 밑줄 친 한자어의 독음(읽는 소리)을 쓰세요.

(1) 불교는 인도에서 **由來**되어 전 세계로 전해졌습니다. (   )

(2) 소방대원들은 신속히 화재 **現場**으로 출동했습니다. (   )

(3) 오늘 **新聞**에 어떤 기사가 실렸는지 살펴보았습니다. (   )

4 다음 문장에 어울리는 한자어가 되도록 알맞은 한자를 **보기** 에서 찾아 그 번호를 쓰세요.

보기
① 由   ② 現   ③ 永   ④ 新

(1) 새로 입학한 학생은 ☐入生   → (   )

(2) 일의 이유가 되는 것은 事☐   → (   )

(3) 나타나거나 또는 나타나서 보이는 것은 出☐   → (   )

5 다음 한자의 진하게 표시한 획은 몇 번째 쓰는지 **보기** 에서 찾아 그 번호를 쓰세요.

보기
① 첫 번째   ② 세 번째   ③ 네 번째   ④ 일곱 번째
⑤ 아홉 번째   ⑥ 열 번째   ⑦ 열한 번째   ⑧ 열세 번째

(1) 永 (   )   (2) 新 (   )

한자어 활용

6 다음 글에서 한자어의 독음(읽는 소리)을 쓰세요.

'님비(NIMBY)'는 쓰레기 처리장이나 폐수 처리장 같은 공공시설을 자신이 사는 지역에 설치하는 것을 반대하는 現象(☐상)을 말해요. 공공의 이익을 위해 필요한 시설인 것을 알지만 지역 환경이 나빠지고 집값이 떨어진다는 理由(이 ☐) 등으로 설치를 반대하지요.

정리하기

주제별 한자를 그림과 함께 복습해요.

o 다음 그림을 보고, 빈칸에 알맞은 한자를 보기에서 찾아 쓰세요.

보기

| 由 始 今 古 昨 夜 新 短 畫 現 永 朝 |

❶ 어제[　]부터 추석 연휴가 시작되었어요.

❷ 아침[　]에는 새[　] 옷을 입고 차례를 지내요.

❸ 예[　]부터 긴[　] 세월 동안 전해 내려온 병풍도 보여요.

❹ 낮[　]에는 온 가족이 마당에 모여 윷놀이를 했어요.

❺ 강아지는 신이 나서 짧은[　] 꼬리를 흔들어요.

❻ 밤[　]이 되어 이제[　] 달을 보며 소원을 빌어요.

❼ 구름으로 말미암아[　] 보름달이 완전히 보이지 않았어요.

❽ 잠시 뒤, 구름이 걷히고 비로소[　] 보름달이 나타났어요[　].

급수 시험 유형 문제로 실력을 다져요!

[1~7] 다음 밑줄 친 말에 해당하는 漢字語(한자어)의 讀音(독음: 읽는 소리)을 쓰세요.

> **보기**
>
> 漢字 → 한자

1 혼자 여행을 하며 **自由**를 누리고 싶습니다.　　　　　　(　　　　　　)

2 올겨울은 **昨年** 겨울보다 눈이 많이 내렸습니다.　　　　(　　　　　　)

3 자동차 **始動**이 걸리지 않아 수리를 맡겼습니다.　　　　(　　　　　　)

4 신문 기사를 쓸 때 과장된 **表現**은 쓰지 않습니다.　　　(　　　　　　)

5 세종 대왕은 **萬古**에 길이 남을 업적을 남겼습니다.　　(　　　　　　)

6 어머니는 편찮으신 할머니 곁을 **晝夜**로 지키셨습니다.　(　　　　　　)

7 그의 노래를 사랑했기에 그의 **短命**이 더욱 슬펐습니다.　(　　　　　　)

[8~19] 다음 漢字(한자)의 訓(훈: 뜻)과 音(음: 소리)을 쓰세요.

> **보기**
>
> 字 → 글자 자

8 現 (　　　　　)　　　　9 今 (　　　　　)

10 夜 (　　　　　)　　　　11 由 (　　　　　)

12 永 (　　　　　)　　　　13 晝 (　　　　　)

14 新 (　　　　　)　　　　15 朝 (　　　　　)

16 古 (　　　　　)　　　　17 昨 (　　　　　)

18 短 (　　　　　)　　　　19 始 (　　　　　)

[20~26] 다음 밑줄 친 漢字語(한자어)를 漢字(한자)로 쓰세요.

> **보기**
>
> 한자 → 漢字

20 시험 <u>시작</u>을 알리는 종소리가 울렸습니다.   （   ）

21 오늘 낮 기온이 <u>금년</u> 들어 최고를 기록했습니다.   （   ）

22 글쓰기 능력은 <u>단시일</u>에 길러지는 것이 아닙니다.   （   ）

23 아침에 일어나자마자 호텔에서 <u>조식</u>을 먹었습니다.   （   ）

24 야생 동물의 <u>출현</u>으로 한바탕 소동이 벌어졌습니다.   （   ）

25 알려지지 않은 <u>신인</u> 배우가 주인공 역을 맡았습니다.   （   ）

26 할머니를 <u>영영</u> 볼 수 없다는 생각에 눈물이 났습니다.   （   ）

[27~29] 다음 漢字(한자)와 뜻이 상대 또는 반대되는 것을 **보기**에서 찾아 그 번호를 쓰세요.

> **보기**
>
> ① 長   ② 古   ③ 午

27 夜 ↔ （   ）   28 短 ↔ （   ）

29 新 ↔ （   ）

[30~32] 다음 뜻에 맞는 漢字語(한자어)를 **보기**에서 찾아 그 번호를 쓰세요.

> **보기**
>
> ① 今日   ② 古今   ③ 晝間   ④ 由來

30 예전과 지금을 아울러 이르는 말.   （   ）

31 날이 밝고 나서 해가 지기 전까지의 낮 동안.   （   ）

32 사물이나 일이 생겨남. 또는 그 사물이나 일이 생겨난 바.   （   ）

[33~34] 다음 사자성어의 빈칸에 알맞은 漢字(한자)를 보기에서 찾아 그 번호를 쓰세요.

보기

① 朝   ② 現   ③ 新   ④ 夜

33 晝(   )長川: 밤낮으로 쉬지 아니하고 연달아.

34 一(   )一夕: 하루의 아침과 하루의 저녁이란 뜻으로, 짧은 시일을 이르는 말.

[35~36] 다음 漢字(한자)와 音(음: 소리)은 같으나 訓(훈: 뜻)이 다른 것을 보기에서 찾아 그 번호를 쓰세요.

보기

① 主   ② 作   ③ 英   ④ 市

35 始 (   )   36 永 (   )

[37~38] 다음 漢字語(한자어)의 뜻을 풀이하세요.

37 昨今: (   )

38 夜食: (   )

[39~40] 다음 漢字(한자)의 진하게 표시한 획은 몇 번째 쓰는지 보기에서 찾아 그 번호를 쓰세요.

보기

① 첫 번째   ② 두 번째   ③ 세 번째   ④ 네 번째
⑤ 다섯 번째   ⑥ 여섯 번째   ⑦ 일곱 번째   ⑧ 여덟 번째

39 永 (   )   40 夜 (   )

부수 立	총 12획	쓰는 순서 ` ` ` ` ` ` ` 立 产 产 音 音 音 童 童		

童
아이 동

마을에서 놀고 있는 아이를 나타낸 글자예요. '아이'를 뜻해요.

童	童	童
아이 동	아이 동	아이 동

부수 示	총 10획	쓰는 순서 ` ` ` ` 干 干 示 示 和 和 神 神		

神
귀신 신

천체의 여러 가지 변화를 부리는 신비한 힘을 가진 신을 나타내요. '귀신', '신'을 뜻해요.

神	神	神
귀신 신	귀신 신	귀신 신

1 한자의 훈(뜻)과 음(소리)을 찾아 선으로 이으세요.

모양 확인

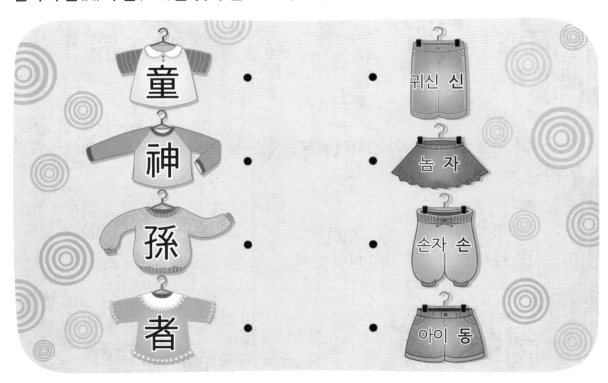

童 ●   ● 귀신 신

神 ●   ● 놈 자

孫 ●   ● 손자 손

者 ●   ● 아이 동

부수 子	총 10획	쓰는 순서 `了 子 孑 孑 孫 孫 孫 孫 孫`

孫
손자 손

반대자 祖(할아비 조)

자손이 실처럼 이어져 끊이지 않는 것을 나타내요. '손자'를 뜻해요.

孫	孫	孫
손자 손	손자 손	손자 손

부수 耂(老)	총 9획	쓰는 순서 `一 十 土 耂 耂 者 者 者`

者
놈 자

옛날에는 달콤한 사탕수수 즙을 받아먹고 있는 모습을 나타냈어요. 지금은 '놈', '사람'을 뜻해요.

者	者	者
놈 자	놈 자	놈 자

2

한자어의 빨간색 글자에 알맞은 한자를 보기 에서 찾아 그 번호를 쓰세요.

훈·음
확인

보기

❶ 童   ❷ 神   ❸ 孫   ❹ 者

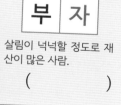

부 자

살림이 넉넉할 정도로 재산이 많은 사람.

(   )

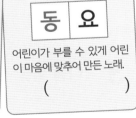

동 요

어린이가 부를 수 있게 어린이 마음에 맞추어 만든 노래.

(   )

손 녀

아들의 딸. 또는 딸의 딸.

(   )

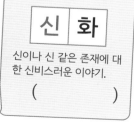

신 화

신이나 신 같은 존재에 대한 신비스러운 이야기.

(   )

1 다음 한자의 훈(뜻)과 음(소리)을 쓰세요.

(1) 神 ( )

(2) 者 ( )

(3) 孫 ( )

(4) 童 ( )

2 다음 밑줄 친 말에 해당하는 한자를 보기 에서 찾아 그 번호를 쓰세요.

보기

① 孫   ② 者   ③ 童   ④ 神   ⑤ 東

(1) 저기 뛰어오는 놈이 제 아들입니다.　　　　　→ ( )

(2) 귀신이 나오는 무서운 꿈을 꾸었습니다.　　　→ ( )

(3) 손자가 할아버지의 어깨를 주물러 드렸습니다.　→ ( )

(4) 손에서 풍선을 놓친 아이가 울음을 터뜨립니다.　→ ( )

3 다음 밑줄 친 한자어의 독음(읽는 소리)을 쓰세요.

(1) 記者는 사건을 취재하여 보도하는 일을 합니다. ( )

(2) 형은 세 살 때 한글을 읽어 神童 소리를 들었습니다. ( )

(3) 소중한 문화유산을 後孫들에게 잘 물려주어야 합니다. ( )

4 다음 문장에 어울리는 한자어가 되도록 알맞은 한자를 **보기**에서 찾아 그 번호를 쓰세요.

보기

① 童   ② 者   ③ 神   ④ 孫

(1) 늙거나 약한 사람은 老弱☐   ➜ (   )

(2) 어린이를 위해 지은 이야기는 ☐話   ➜ (   )

(3) 임금의 손자나 후손을 이르는 말은 王☐   ➜ (   )

5 다음 한자의 진하게 표시한 획은 몇 번째 쓰는지 **보기**에서 찾아 그 번호를 쓰세요.

보기

① 첫 번째   ② 두 번째   ③ 세 번째   ④ 다섯 번째
⑤ 여섯 번째   ⑥ 일곱 번째   ⑦ 여덟 번째   ⑧ 열 번째

(1) 者 (   )   (2) 孫 (   )

한자어 활용

6 다음 글에서 한자어의 독음(읽는 소리)을 쓰세요.

조선 후기에 서민들이 그린 *민화에는 호랑이가 등장하는 그림이 많아요. 옛날 우리 조상들은 호랑이가 나쁜 기운을 막고 鬼神(귀 ☐)을 쫓아 준다고 믿었기 때문이에요. 또, 길게 뻗어 나간 덩굴에 주렁주렁 열린 수박이나 포도 같은 과일을 그려 子孫(☐ ☐)이 끊이지 않고 이어지기를 바라는 마음을 담기도 했어요.

* 민화: 옛날에, 유명한 화가가 아닌 사람이 실용적인 목적으로 그렸던 소박하고 재미있는 그림.

한자 익히기

부수 身	총 7획	쓰는 순서 ´ ⺊ ⺈ ⺆ ⺈ 身 身

身
몸 신
유의자 體(몸 체)
반대자 心(마음 심)

여자가 아이를 가져 배가 부른 모습을 따라 만든 글자예요. '몸'을 뜻해요.

身	身	身
몸 신	몸 신	몸 신

부수 骨	총 23획	쓰는 순서 ⎸ ⎸⎷ ⎸⎷⎸ 冎 叧 叧 骨 骨 骨 骨 骨 骨 骨 骨 骨 體 體 體 體 體 體 體 體

體
몸 체
유의자 身(몸 신)
반대자 心(마음 심)

뼈를 포함한 모든 것이 갖춰진 신체를 나타내요. '몸', '신체'를 뜻해요.

體	體	體
몸 체	몸 체	몸 체

1
모양
확인

훈(뜻)과 음(소리)에 해당하는 한자를 따라가 선으로 이으세요.

출발

머리 두 頭 體 몸 체 禮 體

눈 목 日 目 身 몸 신 自

도착

다시 보기 7급 命 목숨 명 姓 성 성 名 이름 명

| 부수 頁 | 총 16획 | 쓰는 순서 ` ㅜ ㅁ ㅁ ㅁ 豆 豆 豆 회 회 頭 頭 頭 頭 頭 |

| 頭
머리 두 | | 사람의 머리가 몸 위에 곧게 달려 있는 모습을 나타낸 글자예요. '머리', '꼭대기'를 뜻해요. | 頭
머리 두 | 頭
머리 두 | 頭
머리 두 |

| 부수 目 | 총 5획 | 쓰는 순서 ㅣ ㄇ 月 月 目 |

| 目
눈 목 | | 사람의 눈 모양을 따라 만든 글자예요. '눈'을 뜻해요. | 目
눈 목 | 目
눈 목 | 目
눈 목 |

2 그림이 나타내는 한자어를 찾아 ∨표 하세요.

훈·음
확인

□ **심身**
마음과 몸.

□ **目적**
이루려고 하는 일이나 나아가고자 하는 방향.

□ **물體**
구체적인 형태를 가지고 존재하는 것.

□ **頭통**
머리가 아픈 증세.

□ **體온**
몸의 온도.

□ **선頭**
맨 앞에 서는 사람. 또는 그 위치.

□ **망身**
말이나 행동을 잘못하여 체면이나 명예가 손상됨.

□ **주目**
관심을 가지고 주의 깊게 살핌. 또는 그 시선.

1 다음 한자의 훈(뜻)과 음(소리)을 쓰세요.

(1) 體 (　　　　　　　)

(2) 目 (　　　　　　　)

(3) 頭 (　　　　　　　)

(4) 身 (　　　　　　　)

2 다음 밑줄 친 말에 해당하는 한자를 보기에서 찾아 그 번호를 쓰세요.

보기

① 目　　　② 身　　　③ 自　　　④ 體　　　⑤ 頭

(1) 눈이 따갑고 아파서 안과에 갔습니다. → (　　　　　)

(2) 선생님께 머리를 숙여 공손히 인사했습니다. → (　　　　　)

(3) 몸이 아프고 나서 건강이 제일이라는 것을 깨달았습니다. → (　　　，　　　)

3 다음 밑줄 친 한자어의 독음(읽는 소리)을 쓰세요.

(1) 책의 **題目**을 보면 어떤 내용인지 짐작할 수 있습니다. (　　　　)

(2) 그는 농구 선수를 하기에 **身體** 조건이 아주 좋습니다. (　　　　)

(3) 결승 지점이 가까워지자 우리나라 선수가 **先頭**에 나섰습니다. (　　　　)

4 다음 문장에 어울리는 한자어가 되도록 알맞은 한자를 보기에서 찾아 그 번호를 쓰세요.

보기

① 體   ② 目   ③ 頭   ④ 身

(1) 몸의 무게는 ☐重   → (   )

(2) 키가 큰 몸은 長☐   → (   )

(3) 이야기의 첫머리는 話☐   → (   )

5 다음 한자의 진하게 표시한 획은 몇 번째 쓰는지 보기에서 찾아 그 번호를 쓰세요.

보기

① 첫 번째   ② 두 번째   ③ 세 번째   ④ 네 번째
⑤ 다섯 번째   ⑥ 여섯 번째   ⑦ 일곱 번째

(1) 身 (   )   (2) 目 (   )

한자어 활용

6 다음 글에서 한자어의 독음(읽는 소리)을 쓰세요.

범죄 수사에 사용되는 몽타주에 대해 들어 본 적이 있나요? 사건 현장을 본 **目擊者**(☐격☐)나 피해자의 말에 따라 범인으로 추정되는 사람의 특징을 모아 얼굴 형태를 그려 낸 것을 '몽타주'라고 해요. 요즘은 컴퓨터 프로그램에 저장된 얼굴형, 피부색, 머리 모양인 **頭相**(☐상) 등을 선택하여 몽타주를 완성한다고 해요.

부수 才(手)	총 3획	쓰는 순서 一 十 才

才
재주 재

유의자 術(재주 술)

새싹이 땅을 뚫고 올라오는 모습을 나타낸 글자예요. 힘차게 올라오는 새싹을 사람에 빗대어 '재주'를 뜻해요.

才	才	才
재주 재	재주 재	재주 재

부수 歹	총 6획	쓰는 순서 一 ア ゔ 歹 歹 死

死
죽을 사

반대자 生(날 생)

손을 모으고 죽은 사람을 애도하고 있는 모습을 나타낸 글자예요. '죽다'를 뜻해요.

死	死	死
죽을 사	죽을 사	죽을 사

---

1 한자의 훈(뜻)과 음(소리)을 바르게 쓴 것을 모두 찾아 ○표 하세요.

모양
확인

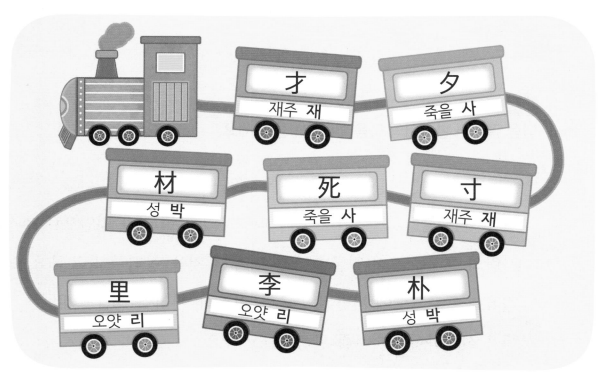

부수 木	총 7획	쓰는 순서 一 十 才 木 本 李 李

李
오얏 / 성 리(이)

과일을 많이 맺는 오얏(자두)나무의 모습을 나타낸 글자예요. '오얏', 사람의 '성(姓)'을 뜻해요.

李	李	李
오얏 리	오얏 리	오얏 리

부수 木	총 6획	쓰는 순서 一 十 才 木 朴 朴

朴
성 박

옛날에는 후박나무를 나타냈어요. 지금은 사람의 '성(姓)', '순박하다'를 뜻해요.

朴	朴	朴
성 박	성 박	성 박

2 한자와 관련 있는 한자어 카드를 찾아 그 번호를 쓰세요.

훈·음 확인

❶ 사 망
사람이 죽음.

❷ 소 박
거짓이나 꾸밈이 없이 수수함.

❸ 이 씨
'이' 씨 성, 또는 그 가문.

❹ 인 재
재주가 아주 뛰어난 사람.

(1) 才: (   ) (2) 死: (   ) (3) 李: (   ) (4) 朴: (   )

1 다음 한자의 훈(뜻)과 음(소리)을 쓰세요.

(1) 才 ( )

(2) 李 ( )

(3) 死 ( )

(4) 朴 ( )

2 다음 밑줄 친 말에 해당하는 한자를 보기에서 찾아 그 번호를 쓰세요.

보기

① 木 　　② 朴 　　③ 才 　　④ 死 　　⑤ 李

(1) 동생은 춤을 잘 추는 재주가 있습니다. → ( )

(2) 키우던 고양이가 죽어서 너무 슬픕니다. → ( )

(3) 지금은 '오얏'이 아닌 '자두'라는 말을 씁니다. → ( )

(4) 박씨는 우리나라에서 세 번째로 많은 성씨입니다. → ( )

3 다음 밑줄 친 한자어의 독음(읽는 소리)을 쓰세요.

(1) 할아버지께서 **李樹**에 열린 자두를 따 주셨습니다. ( )

(2) 남자는 멧돼지를 본 순간 **死力**을 다해 달렸습니다. ( )

(3) 그는 다섯 살에 작곡을 시작해 음악의 **天才**라 불렸습니다. ( )

4 다음 문장에 어울리는 한자어가 되도록 알맞은 한자를 보기에서 찾아 그 번호를 쓰세요.

보기

① 死　　② 朴　　③ 李　　④ 才

(1) 오얏나무의 꽃은 [　] 花　　　　　→ (　　　　　)

(2) 삶과 죽음을 이르는 말은 生 [　]　　→ (　　　　　)

(3) 뛰어난 재능이 있는 사람은 英 [　]　→ (　　　　　)

5 다음 한자의 진하게 표시한 획은 몇 번째 쓰는지 보기에서 찾아 그 번호를 쓰세요.

보기

① 첫 번째　　② 두 번째　　③ 세 번째　　④ 네 번째
⑤ 다섯 번째　　⑥ 여섯 번째　　⑦ 일곱 번째

(1) 李 (　　　　) 　　(2) 死 (　　　　)

한자어 활용

6 다음 글에서 한자어의 독음(읽는 소리)을 쓰세요.

　　베토벤은 어릴 때부터 피아노와 작곡에 뛰어난 才能([　] 능)을 보였어요. 그는 27세 무렵부터 귀가 들리지 않았지만 작품 활동을 멈추지 않았고, 교향곡 「영웅」, 「운명」, 「전원」, 「합창」 등을 비롯한 수많은 곡을 남겼어요. 베토벤은 56세의 나이로 세상을 떠났지만 그의 작품은 死後([　][　])에도 많은 사람들에게 사랑받고 있어요.

정리하기

주제별 한자를 그림과 함께 복습해요.

o 다음 그림을 보고, 빈칸에 알맞은 한자를 보기 에서 찾아 쓰세요.

─── 보기 ───

體　孫　才　神　頭　者　目　死　李　童　朴　身

❶ 아이[　]는 책 속의 그림을 자세히 보고 있어요.

❷ 할머니께서 손자[　]에게 동화책을 읽어 주어요.

❸ 도깨비들은 몸[　, 　]이 사람과 비슷하게 생겼어요.

❹ 도깨비들은 이 서방 눈[　]에 안 보이게 재주[　]를 부려요.

❺ 도깨비들이 머리[　]에 도깨비감투를 쓰고 음식을 먹어 치워요.

❻ 이[　] 서방은 죽은[　] 귀신[　]의 짓이라고 생각했어요.

❼ 이 서방은 도깨비감투를 쓰고 박[　] 서방의 돈을 몰래 훔쳐 갔어요.

❽ 박 서방은 어떤 놈[　]이 자신의 돈을 가져갔냐며 화를 버럭 냈어요.

[1~7] 다음 밑줄 친 말에 해당하는 漢字語(한자어)의 讀音(독음: 읽는 소리)을 쓰세요.

> 보기
>
> 漢字 ➡ 한자

1 아빠와 삼촌은 같은 고등학교 **出身**입니다.　　　　　　(　　　　　　)

2 정호는 특히 수학 과목에 **頭角**을 드러냈습니다.　　　　(　　　　　　)

3 이 책이 요즘 어린이 **讀者**에게 인기가 많습니다.　　　　(　　　　　　)

4 형은 바둑 **英才**로 선발되어 특별 교육을 받습니다.　　(　　　　　　)

5 우리는 **後孫**들에게 문화유산을 물려주어야 합니다.　　(　　　　　　)

6 우리나라 전래 **童話**에는 호랑이가 많이 등장합니다.　　(　　　　　　)

7 도로에서 죽은 동물의 **死體**를 발견하면 신고합니다.　　(　　　　　　)

[8~19] 다음 漢字(한자)의 訓(훈: 뜻)과 音(음: 소리)을 쓰세요.

> 보기
>
> 字 ➡ 글자 자

8 孫 (　　　　　)　　　　9 體 (　　　　　)

10 童 (　　　　　)　　　　11 朴 (　　　　　)

12 死 (　　　　　)　　　　13 神 (　　　　　)

14 才 (　　　　　)　　　　15 目 (　　　　　)

16 身 (　　　　　)　　　　17 頭 (　　　　　)

18 李 (　　　　　)　　　　19 者 (　　　　　)

[20~26] 다음 밑줄 친 漢字語(한자어)를 漢字(한자)로 쓰세요.

> 보기
>
> 한자 → 漢字

20 2미터가 넘는 장신 선수가 덩크 슛을 넣었습니다. ( )

21 왕은 왕손의 탄생을 축하하는 잔치를 베풀었습니다. ( )

22 그리스 로마 신화에서 아테네는 지혜의 여신입니다. ( )

23 집을 떠난 홍길동은 도적 무리의 두목이 되었습니다. ( )

24 그분은 힘이 없는 약자를 돌보며 평생을 사셨습니다. ( )

25 피카소는 우리에게 천재 화가로 잘 알려져 있습니다. ( )

26 장군은 팔에 화살을 맞고도 사력을 다해 싸웠습니다. ( )

[27~28] 다음 漢字(한자)와 뜻이 상대 또는 반대되는 것을 보기 에서 찾아 그 번호를 쓰세요.

> 보기
>
> ① 體   ② 生   ③ 心

27 死 ↔ ( )   **28** 身 ↔ ( )

[29~31] 다음 뜻에 맞는 漢字語(한자어)를 보기 에서 찾아 그 번호를 쓰세요.

> 보기
>
> ① 多才   ② 神童   ③ 死後   ④ 身體

29 죽은 뒤. ( )

30 사람의 몸. ( )

31 재주가 많음. ( )

[32~33] 다음 사자성어의 빈칸에 알맞은 漢字(한자)를 보기에서 찾아 그 번호를 쓰세요.

보기

① 目　　　　② 孫　　　　③ 頭　　　　④ 死

32 子(　　　　　　)萬代: 후손에서 후손으로 오래도록 내려오는 여러 대.

33 九(　　　　　　)一生: 아홉 번 죽을 뻔하다 한 번 살아난다는 뜻으로, 죽을 뻔한 상황을 여러 차례 넘기고 겨우 살아남을 이르는 말.

[34~36] 다음 漢字(한자)와 音(음: 소리)은 같으나 訓(훈: 뜻)이 다른 것을 보기에서 찾아 그 번호를 쓰세요.

보기

① 新　　　　② 才　　　　③ 字　　　　④ 東

34 童 (　　　　　　)　　　　　35 神 (　　　　　　)

36 者 (　　　　　　)

[37~38] 다음 漢字語(한자어)의 뜻을 풀이하세요.

37 體重: (　　　　　　　　　　　　　　　　　　　　　　　　　)

38 童心: (　　　　　　　　　　　　　　　　　　　　　　　　　)

[39~40] 다음 漢字(한자)의 진하게 표시한 획은 몇 번째 쓰는지 보기에서 찾아 그 번호를 쓰세요.

보기

① 첫 번째　　② 두 번째　　③ 세 번째　　④ 다섯 번째

⑤ 여섯 번째　⑥ 일곱 번째　⑦ 여덟 번째　⑧ 아홉 번째

39 者 (　　　　　　)　　　　40 死 (　　　　　　)

한자 익히기

부수 亻(人)	총 9획	쓰는 순서	ノ イ 亻 亠 亠 亠 信 信 信

| 信
믿을 신 | 나는~~

사람의 말을 나타내요. 사람의 말은 거짓이 없어야 하므로 '믿다'를 뜻해요. | 信
믿을 신 | 信
믿을 신 | 信
믿을 신 |

부수 亠	총 6획	쓰는 순서	丶 亠 亠 六 交 交

| 交
사귈 교 | 다리를 꼬고 앉은 모습을 따라 만든 글자예요. 엇갈린 모습을 통해 '사귀다', '교제하다'를 뜻해요. | 交
사귈 교 | 交
사귈 교 | 交
사귈 교 |

1 훈(뜻)과 음(소리)에 맞는 한자를 찾아 그 번호를 쓰세요.

모양
확인

• 믿을 신: (   ) • 사귈 교: (   ) • 자리 석: (   ) • 친할 친: (   )

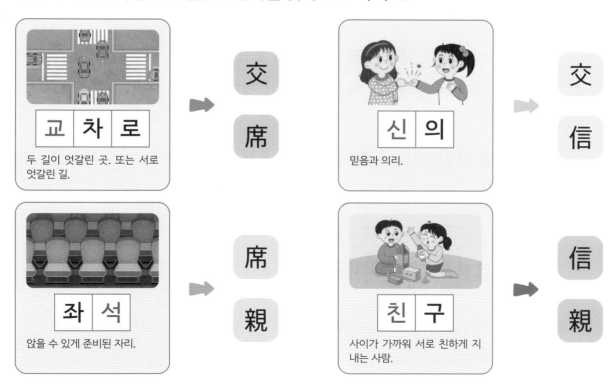

● 한자를 따라 쓰며 익혀요.

부수 巾	총 10획	쓰는 순서	丶 一 广 广 广 庐 庐 庐 席 席

席
자리 석

돗자리의 모습을 나타낸 글자예요. '자리'를 뜻해요.

席	席	席
자리 석	자리 석	자리 석

부수 見	총 16획	쓰는 순서	丶 一 亠 立 立 辛 辛 亲 亲 新 新 新 新 親 親 親

親
친할 친

감정적인 관계가 매우 친밀함을 나타내요. '친하다'를 뜻해요.

親	親	親
친할 친	친할 친	친할 친

2 한자어의 빨간색 글자에 알맞은 한자를 찾아 ○표 하세요.

훈·음
확인

교 차 로
두 길이 엇갈린 곳. 또는 서로 엇갈린 길.
➡ 交 / 席

신 의
믿음과 의리.
➡ 交 / 信

좌 석
앉을 수 있게 준비된 자리.
➡ 席 / 親

친 구
사이가 가까워 서로 친하게 지내는 사람.
➡ 信 / 親

1 다음 한자의 훈(뜻)과 음(소리)을 쓰세요.

(1) 交 ( )

(2) 親 ( )

(3) 信 ( )

(4) 席 ( )

2 다음 밑줄 친 말에 해당하는 한자를 [보기]에서 찾아 그 번호를 쓰세요.

보기

① 親　　② 交　　③ 席　　④ 校　　⑤ 信

(1) 아이들은 선생님을 믿고 따랐습니다. → ( )

(2) 친한 친구가 다른 학교로 전학을 갑니다. → ( )

(3) 학교에 가면 친구를 사귈 수 있어서 좋습니다. → ( )

(4) 학교에 오는 순서대로 자리에 앉기로 정했습니다. → ( )

3 다음 밑줄 친 한자어의 독음(읽는 소리)을 쓰세요.

(1) 사고가 난 여객선은 어젯밤부터 **交信**이 끊겼습니다. ( )

(2) 내 짝과 같이 다니면 얼굴이 닮았다고 **親兄弟**로 봅니다. ( )

(3) 식당에 자리가 부족해서 모르는 사람과 **合席**을 했습니다. ( )

4 다음 문장에 어울리는 한자어가 되도록 알맞은 한자를 보기에서 찾아 그 번호를 쓰세요.

보기
① 席   ② 交   ③ 信   ④ 親

(1) 굳게 믿는 생각은 所 [ ]   ➜ (   )

(2) 다른 나라와 관계를 맺는 일은 外 [ ]   ➜ (   )

(3) 사람이 앉지 않아 비어 있는 자리는 空 [ ]   ➜ (   )

5 다음 한자의 진하게 표시한 획은 몇 번째 쓰는지 보기에서 찾아 그 번호를 쓰세요.

보기
① 첫 번째   ② 세 번째   ③ 네 번째   ④ 다섯 번째
⑤ 여섯 번째   ⑥ 여덟 번째   ⑦ 아홉 번째   ⑧ 열 번째

(1) 交 (   )   (2) 席 (   )

한자어 활용

6 다음 글에서 한자어의 독음(읽는 소리)을 쓰세요.

예전에는 즐거움을 얻기 위해 사람이 동물을 기른다고 여겨 '애완동물'
이라는 말을 사용했어요. 요즘에는 사람과 더불어 사는 親密([ ]밀)
한 존재라는 뜻에서 '반려동물'이라는 말을 사용해요. 사람들은 반려동물
을 기르면서 *정서적 交感([ ][ ])을 나누어요.

* 정서적: 사람의 마음에 일어나는 여러 가지 감정과 관련된 것.

한자 익히기

부수 力	총 5획	쓰는 순서 ー T I 功 功

功
공 공

땅을 다지는 도구를 들고 힘쓰고 있는 모습을 나타낸 글자예요. 훌륭하게 일을 해낸 '공', '공로'를 뜻해요.

功	功	功
공 공	공 공	공 공

부수 癶	총 12획	쓰는 순서 ㄱ ㄱ ㄱ ㄱ ㄱ ㄱ 癶 癶 癶 發 發 發

發
필 발

화살을 쏘는 모습을 나타낸 글자예요. '피다', '쏘다'를 뜻해요.

發	發	發
필 발	필 발	필 발

1 사다리를 타고 내려가 훈(뜻)과 음(소리)에 알맞은 한자를 따라 쓰세요.

모양
확인

| 공 공 | 필 발 | 나눌 반 | 이름 호 |

號　班　發　功

부수 ⺩(玉)	총 10획	쓰는 순서	` ´ ㅜ �循 王 珇 玑 玑 玐 班 班

班
나눌 반

유의자 分(나눌 분),
別(나눌 별)

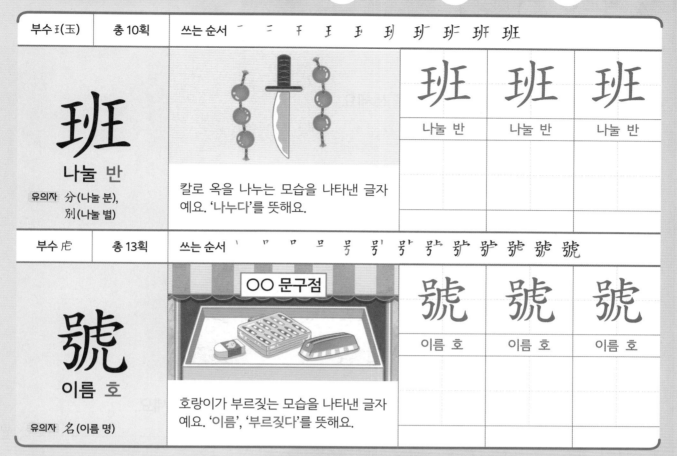

칼로 옥을 나누는 모습을 나타낸 글자예요. '나누다'를 뜻해요.

班	班	班
나눌 반	나눌 반	나눌 반

부수 虍	총 13획	쓰는 순서	` ´ ㅁ ㅁ ㅁ 号 号 号' 号' 号' 号' 號 號 號

號
이름 호

유의자 名(이름 명)

○○ 문구점

호랑이가 부르짖는 모습을 나타낸 글자예요. '이름', '부르짖다'를 뜻해요.

號	號	號
이름 호	이름 호	이름 호

2 한자와 관련 있는 한자어 카드를 찾아 그 번호를 쓰세요.

훈·음
확인

❶ 공 로

어떤 일을 위해 바친 노력과 수고. 또는 그 결과.

❷ 구 호

요구나 주장, 생각 등을 나타내는 짧은 말이나 글.

❸ 양 반

옛날에 지배층을 이루던 신분.

❹ 발 굴

땅속이나 흙더미, 돌 더미 속에 묻혀 있는 것을 찾아서 파냄.

(1) 功: (　　　　) 　(2) 發: (　　　　) 　(3) 班: (　　　　) 　(4) 號: (　　　　)

1 다음 한자의 훈(뜻)과 음(소리)을 쓰세요.

(1) 號 ( )

(2) 班 ( )

(3) 發 ( )

(4) 功 ( )

2 다음 밑줄 친 말에 해당하는 한자를 **보기**에서 찾아 그 번호를 쓰세요.

보기

① 登   ② 班   ③ 功   ④ 發   ⑤ 號

(1) 청군과 백군으로 나누어 운동회를 합니다.   → ( )

(2) 꽃이 피니 나비와 벌들이 날아들었습니다.   → ( )

(3) 정약용은 '다산'이라는 이름으로도 불렸습니다.   → ( )

(4) 이어달리기에서 이긴 데는 성규의 공이 큽니다.   → ( )

3 다음 밑줄 친 한자어의 독음(읽는 소리)을 쓰세요.

(1) 우리나라의 **國號**는 대한민국입니다.   ( )

(2) 밝고 부지런한 승호가 1학기 **班長**으로 뽑혔습니다.   ( )

(3) 반 친구들 앞에 서서 **發表**를 하려니 너무 떨립니다.   ( )

4 다음 문장에 어울리는 한자어가 되도록 알맞은 한자를 보기 에서 찾아 그 번호를 쓰세요.

보기
① 班   ② 發   ③ 功   ④ 號

(1) 일정한 호수가 매겨진 방은 ☐室 　　　　→ (　　　　　)

(2) 목적지를 향하여 나아가는 것은 出☐ 　　→ (　　　　　)

(3) 공을 세워 이름을 얻으려는 마음은 ☐名心 → (　　　　　)

5 다음 한자의 진하게 표시한 획은 몇 번째 쓰는지 보기 에서 찾아 그 번호를 쓰세요.

보기
① 첫 번째   ② 두 번째   ③ 세 번째   ④ 네 번째
⑤ 다섯 번째   ⑥ 여섯 번째   ⑦ 일곱 번째   ⑧ 여덟 번째

(1) 功 (　　　　)   (2) 發 (　　　　　)

한자어 활용

6 다음 글에서 한자어의 독음(읽는 소리)을 쓰세요.

　　0은 인도-아라비아 숫자 중에서 제일 늦게 發明(☐☐)되었어요. 고대 인도에서는 처음에 자릿수에 해당하는 숫자가 없으면 그 자리를 비워 두었어요. 6세기 초에 빈 자릿수를 나타내기 위한 記號(☐☐)로 작은 동그라미(•)를 사용하다가 6세기 말 이후부터 '아무것도 없음'을 나타내는 수로 0이 쓰이기 시작했어요.

한자 익히기

부수 禾	총 9획	쓰는 순서 ' 二 千 千 千 禾 禾 科 科

科
과목 과

科	科	科
과목 과	과목 과	과목 과

옛날에는 벼의 품질을 헤아리기 위해 바가지로 퍼내는 것을 나타냈어요. 지금은 '과목', '과정'을 뜻해요.

부수 ⺮(竹)	총 12획	쓰는 순서 ' ⺮ ⺮ ⺮ ⺮ ⺮ ⺮ ⺮ 竿 竿 等 等

等
무리 등

유의자 級(등급 급)

等	等	等
무리 등	무리 등	무리 등

문서를 종류에 따라 분류해 둔 모습을 나타낸 글자예요. '무리', '등급'을 뜻해요.

1 한자의 훈(뜻)과 음(소리)을 보기에서 찾아 같은 색으로 칠하세요.

모양 확인

보기

과목 과 ● 　　무리 등 ○ 　　차례 제 ● 　　등급 급 ●

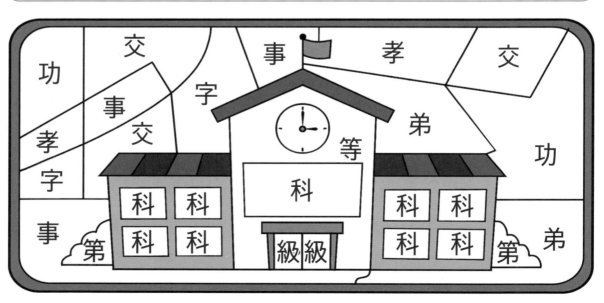

● 한자를 따라 쓰며 익혀요.

다시 보기 7급　安 편안 안　場 마당 장　夫 지아비 부

부수 ^^(竹)	총 11획	쓰는 순서	ノ ト ゲ ゲ 竺 竺 竺 竺 笃 第 第

第
차례 제

나무에 줄을 차례로 감아 놓은 모습을 나타낸 글자예요. '차례', '순서'를 뜻해요.

第	第	第
차례 제	차례 제	차례 제

부수 糸	총 10획	쓰는 순서	ㄴ ㄴ ㄠ ㄠ 糸 糸 糸 紀 級 級

級
등급 급

유의자 等(무리 등)

사람이 계단을 오르는 모습을 나타낸 글자예요. '등급', '차례'를 뜻해요.

級	級	級
등급 급	등급 급	등급 급

2

한자어의 빨간색 글자에 알맞은 한자를 보기에서 찾아 그 번호를 쓰세요.

훈·음
확인

보기

❶ 科　　❷ 等　　❸ 第　　❹ 級

과 학

자연에서 일어나는 현상을 연구하는 학문.

(　　)

급 제

옛날에 과거 시험에 합격하던 일.

(　　)

등 분

분량을 똑같이 나눔. 또는 그 분량.

(　　)

학 급

한 교실에서 공부하는 학생의 집단.

(　　)

실력 기르기

1 다음 한자의 훈(뜻)과 음(소리)을 쓰세요.

(1) 科 ( )

(2) 級 ( )

(3) 等 ( )

(4) 第 ( )

2 다음 밑줄 친 말에 해당하는 한자를 보기에서 찾아 그 번호를 쓰세요.

보기

① 第　　② 級　　③ 題　　④ 科　　⑤ 等

(1) 형은 국어 과목을 가장 좋아합니다. → ( )

(2) 몇 명씩 무리를 지어 급식을 먹었습니다. → ( )

(3) 다음은 우리 반이 무대에 오를 차례입니다. → ( )

(4) 이번 영어 시험에서 한 등급이 올랐습니다. → ( )

3 다음 밑줄 친 한자어의 독음(읽는 소리)을 쓰세요.

(1) 우리 반의 級訓은 '서로를 존중하자.'입니다. ( )

(2) 재준이는 우리 반에서 달리기를 第一 잘합니다. ( )

(3) 누나는 이번 시험에서 等數가 많이 올랐다고 기뻐했습니다. ( )

4 다음 문장에 어울리는 한자어가 되도록 알맞은 한자를 보기에서 찾아 그 번호를 쓰세요.

보기

① 第 　　　② 級 　　　③ 等 　　　④ 科

(1) 학년이 높은 학생은 上☐生 　　　　　→ (　　　　　)

(2) 등급이나 정도가 같은 것은 同☐ 　　　→ (　　　　　)

(3) 학교에서 어떤 과목을 가르치려고 만든 책은 教☐書 → (　　　　　)

5 다음 한자의 진하게 표시한 획은 몇 번째 쓰는지 보기에서 찾아 그 번호를 쓰세요.

보기

① 첫 번째 　　② 두 번째 　　③ 세 번째 　　④ 네 번째

⑤ 다섯 번째 　⑥ 여섯 번째 　⑦ 일곱 번째 　⑧ 열 번째

(1) 科 (　　　　　) 　　(2) 級 (　　　　　)

6 다음 글에서 한자어의 독음(읽는 소리)을 쓰세요.

　　청동기 시대는 인류가 처음으로 금속인 청동을 이용해 도구를 만들어 사용한 시대를 말해요. 이 시대에는 농사 기술이 발달하면서 생산량이 많아졌어요. 그러면서 재산과 힘을 가진 階級(계 ☐)이 생겨났어요. 이로써 *수확한 것을 나누어 가지던 平等(☐☐)한 사회는 무너졌어요.

＊수확한: 심어서 가꾼 농작물을 거두어들인.

정리하기

○ 다음 그림을 보고, 빈칸에 알맞은 한자를 보기 에서 찾아 쓰세요.

─ 보기 ─

級　信　號　科　席　功　班　第　交　發　等　親

❶ 몇 명씩 나누어[　　] 줄넘기를 해요.

❷ 친구들 얼굴에 웃음꽃이 피어요[　　].

❸ 앞 친구들을 믿고[　　] 줄 안으로 들어가요.

❹ 팔을 다친 아이는 자리[　　]에 앉아 친구들을 응원해요.

❺ 선생님이 한 모둠씩 차례[　　]대로 이름[　　]을 불러요.

❻ 무리[　　]를 지어 줄넘기를 하면 친한[　　] 사이가 돼요.

❼ 친구도 많이 사귈[　　] 수 있어 체육 과목[　　]이 좋아요.

❽ 줄넘기 등급[　　] 시험을 통과한 데는 내 짝의 공[　　]이 커요.

[1~7] 다음 밑줄 친 말에 해당하는 漢字語(한자어)의 讀音(독음: 읽는 소리)을 쓰세요.

> 보기
>
> 漢字 → 한자

1 종이는 고대 중국에서 처음 **發明**되었습니다.   (   )

2 엄마의 문자 메시지에 바로 **答信**을 보냈습니다.   (   )

3 내 짝과는 눈빛만으로도 **交感**이 되는 사이입니다.   (   )

4 집으로 가는 버스인지 **番號**를 확인하고 탔습니다.   (   )

5 이번 한자 6급 **級數** 시험에 만점으로 합격했습니다.   (   )

6 요즘은 이웃끼리 **親分**을 쌓으려고 노력하지 않습니다.   (   )

7 할아버지는 국가 **有功者**셔서 국립묘지에 묻히셨습니다.   (   )

[8~19] 다음 漢字(한자)의 訓(훈: 뜻)과 音(음: 소리)을 쓰세요.

> 보기
>
> 字 → 글자 자

8 班 (   )   9 第 (   )

10 科 (   )   11 親 (   )

12 等 (   )   13 席 (   )

14 號 (   )   15 信 (   )

16 功 (   )   17 級 (   )

18 發 (   )   19 交 (   )

[20~26] 다음 밑줄 친 漢字語(한자어)를 漢字(한자)로 쓰세요.

보기

한자 → 漢字

20 나는 옆집 형을 <u>친형</u>처럼 잘 따랐습니다.　　　　　　(　　　　　　)

21 이번에 처음으로 달리기에서 <u>일 등</u>을 했습니다.　　　(　　　　　　)

22 기차의 좌석이 없어서 <u>입석</u>으로 가려고 합니다.　　　(　　　　　　)

23 영어를 조금 할 줄 알아서 <u>중급</u> 수업을 들었습니다.　(　　　　　　)

24 응급 환자가 <u>발생</u>한 곳으로 구급차가 출동했습니다.　(　　　　　　)

25 우리나라는 많은 나라들과 <u>외교</u> 관계를 맺었습니다.　(　　　　　　)

26 배가 아프면 외과가 아닌 <u>내과</u>에서 진찰을 받습니다.　(　　　　　　)

[27~29] 다음 漢字(한자)와 뜻이 같거나 비슷한 것을 보기에서 찾아 그 번호를 쓰세요.

보기

① 分　　　　　　② 等　　　　　　③ 名

27 號 — (　　　　)　　　　　**28** 班 — (　　　　)

29 級 — (　　　　)

[30~32] 다음 뜻에 맞는 漢字語(한자어)를 보기에서 찾아 그 번호를 쓰세요.

보기

① 發火　　　② 發音　　　③ 班長　　　④ 出席

30 어떤 자리에 나아가 참석함.　　　　　　　(　　　　)

31 불이 일어나거나 타기 시작함.　　　　　　(　　　　)

32 학교에서 학급을 대표하는 사람.　　　　　(　　　　)

[33~34] 다음 사자성어의 빈칸에 알맞은 漢字(한자)를 **보기**에서 찾아 그 번호를 쓰세요.

보기

① 交 　　② 第 　　③ 發 　　④ 親

33 天下(　　　　)一: 세상에 견줄 만한 것이 없이 최고임.

34 百(　　　　)百中: 백 번 쏘아 백 번 맞힌다는 뜻으로, 총이나 활 등을 쏠 때마다 겨눈 곳에 다 맞음을 이르는 말.

[35~36] 다음 漢字(한자)와 音(음: 소리)은 같으나 訓(훈: 뜻)이 다른 것을 **보기**에서 찾아 그 번호를 쓰세요.

보기

① 果 　　② 夫 　　③ 交 　　④ 登

35 等 　(　　　　) 　　　　**36** 科 　(　　　　)

[37~38] 다음 漢字語(한자어)의 뜻을 풀이하세요.

37 國號: (　　　　　　　　　　　　　　　　　　　)

38 不信: (　　　　　　　　　　　　　　　　　　　)

[39~40] 다음 漢字(한자)의 진하게 표시한 획은 몇 번째 쓰는지 **보기**에서 찾아 그 번호를 쓰세요.

보기

① 첫 번째 　② 두 번째 　③ 네 번째 　④ 다섯 번째
⑤ 여섯 번째 　⑥ 일곱 번째 　⑦ 아홉 번째 　⑧ 열 번째

39 級 (　　　　) 　　**40** 班 (　　　　)

부수 囗	총 13획	쓰는 순서	丨 冂 冂 囝 囝 周 周 周 園 園 園 園 園

		園 동산 원	園 동산 원	園 동산 원

園
동산 원

울타리를 두른 동산에서 옷을 입고 여유롭게 시간을 보내는 것을 나타내요. '동산', '뜰'을 뜻해요.

부수 阝(邑)	총 10획	쓰는 순서	丆 ユ ⼹ 尹 尹 君 君 君' 郡' 郡

		郡 고을 군	郡 고을 군	郡 고을 군

郡
고을 군

임금이 다스리는 마을을 나타내요. '고을', '관청'을 뜻해요.

유의자 邑(고을 읍), 洞(골 동)

1

모양
확인

한자의 훈(뜻)과 음(소리)으로 바른 것을 따라가 선으로 이으세요.

園 / 동산 원 / 동산 군
路 / 길 경 / 길 로
京 / 서울 원 / 서울 경
郡 / 고을 로 / 고을 군

출발

도착

다시 보기 7급 | 活 살 활 | 住 살 주 | 家 집 가

부수 亠	총 8획	쓰는 순서	＼ 一 亠 亠 亡 古 亨 京 京		
京 서울 경		큰 건물의 모습을 따라 만든 글자예요. 지금은 큰 건물이 많이 모여 있는 곳인 '서울', 즉 '수도'를 뜻해요.	京 서울 경	京 서울 경	京 서울 경
반대자 村(마을 촌)					
부수 ⻊(足)	총 13획	쓰는 순서	＼ ⼝ ⼝ ⼝ 𧾷 𧾷 𧾷 𧾷 路 路 路 路		
路 길 로(노)		사람들이 오고 다니는 곳인 길을 나타내요. '길', '도로'를 뜻해요.	路 길 로(노)	路 길 로(노)	路 길 로(노)
유의자 道(길 도)					

2 한자어의 빨간색 글자에 알맞은 한자를 보기 에서 찾아 그 번호를 쓰세요.

훈·음 확인

보기

❶ 園　　　❷ 郡　　　❸ 京　　　❹ 路

차 로
자동차가 다니는 길.
(　　　　)

공 원
사람들이 놀거나 쉴 수 있도록 풀밭, 나무, 꽃 등을 가꾸어 놓은 곳.
(　　　　)

군 주
임금.
(　　　　)

상 경
지방에서 서울로 감.
(　　　　)

1 다음 한자의 훈(뜻)과 음(소리)을 쓰세요.

(1) 京 (　　　　　　)

(2) 路 (　　　　　　)

(3) 園 (　　　　　　)

(4) 郡 (　　　　　　)

2 다음 밑줄 친 말에 해당하는 한자를 보기 에서 찾아 그 번호를 쓰세요.

보기

① 園　　　② 郡　　　③ 路　　　④ 京　　　⑤ 國

(1) 서울은 우리나라의 수도입니다.　　　　→ (　　　　)

(2) 동산 위에 올라 달을 보며 소원을 빕니다.　　→ (　　　　)

(3) 우리 고을을 다스릴 원님이 새로 왔습니다.　→ (　　　　)

(4) 넓은 길을 따라가다 보면 마을이 나옵니다.　→ (　　　　)

3 다음 밑줄 친 한자어의 독음(읽는 소리)을 쓰세요.

(1) 우리 군에서는 매년 **郡民** 체육 대회가 열립니다.　(　　　　)

(2) 우리는 **登山路**를 따라 산 정상까지 올라갔습니다.　(　　　　)

(3) **樹木園**을 산책하면서 나무와 꽃들을 관찰했습니다.　(　　　　)

4 다음 문장에 어울리는 한자어가 되도록 알맞은 한자를 보기 에서 찾아 그 번호를 쓰세요.

보기

① 郡　　　② 園　　　③ 路　　　④ 京

(1) 길의 바닥 표면은 ☐面　　　　　　　→ (　　　　)

(2) 꽃을 심은 동산은 花☐　　　　　　→ (　　　　)

(3) 지방에서 서울로 가는 것은 上☐　　→ (　　　　)

5 다음 한자의 진하게 표시한 획은 몇 번째 쓰는지 보기 에서 찾아 그 번호를 쓰세요.

보기

① 네 번째　　② 다섯 번째　　③ 여섯 번째　　④ 일곱 번째
⑤ 여덟 번째　　⑥ 아홉 번째　　⑦ 열두 번째　　⑧ 열세 번째

(1) 郡 (　　　　)　　(2) 路 (　　　　)

한자어 활용

6 다음 글에서 한자어의 독음(읽는 소리)을 쓰세요.

　　조선의 5대 궁궐 중의 하나인 창경궁은 *일제 강점기 때 일본에 의해 크게 훼손되었어요. 일본은 궁궐 전체를 動物園(☐☐☐)과 植物園(☐☐☐)으로 만들어 버리고 이름도 창경원으로 바꾸었어요. 또한 창경궁과 왕실의 제사를 지내던 종묘를 잇는 부분을 끊고 道路(☐☐)를 냈어요.

* 일제 강점기: 일본에게 나라를 빼앗긴 1910년부터 1945년 해방되기까지의 시대.

한자 익히기

부수 方	총 11획	쓰는 순서 ` ⺀ ⺀ 方 方 扩 扩 扩 族 族 族

族
겨레 족

전쟁이 나면 한 깃발 아래에서 같은 핏줄의 무리가 활을 들고 싸우는 것을 나타내요. '겨레', '민족'을 뜻해요.

族	族	族
겨레 족	겨레 족	겨레 족

부수 口	총 6획	쓰는 순서 ⺀ ⺀ 向 向 向 向

向
향할 향

집과 창문의 모양을 따라서 만든 글자로, 창이 북쪽 방향을 향하고 있는 것을 나타내요. '향하다'를 뜻해요.

向	向	向
향할 향	향할 향	향할 향

1 훈(뜻)과 음(소리)에 맞는 한자를 찾아 그 번호를 쓰세요.

모양 확인

• 겨레 족: (　　　)　• 향할 향: (　　　)　• 통할 통: (　　　)　• 구분할 구: (　　　)

부수 辶(辵)	총 11획	쓰는 순서	𝌆 𝌆 𝌆 𝌆 𝌆 甬 涌 涌 涌 通

通
통할 통

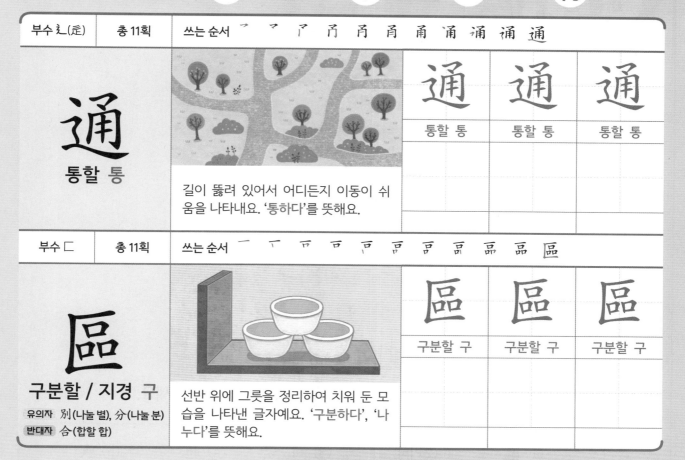

通	通	通
통할 통	통할 통	통할 통

길이 뚫려 있어서 어디든지 이동이 쉬움을 나타내요. '통하다'를 뜻해요.

부수 匸	총 11획	쓰는 순서	一 𠂉 𠫔 𠯆 𠯃 𠯑 品 品 品 區

區
구분할 / 지경 구

유의자 別(나눌 별), 分(나눌 분)
반대자 合(합할 합)

區	區	區
구분할 구	구분할 구	구분할 구

선반 위에 그릇을 정리하여 치워 둔 모습을 나타낸 글자예요. '구분하다', '나누다'를 뜻해요.

2 한자어 카드의 빨간색 글자에 알맞은 한자를 (　　)에서 찾아 ○표 하세요.

훈·음 확인

구역
어떤 기준이나 특성에 따라 여럿으로 나누어 놓은 지역 중 하나.

(族 , 向 , 通 , 區)

가족
주로 한집에 모여 살고 결혼이나 부모, 자식, 형제 등의 관계로 이루어진 사람들의 집단.

(族 , 向 , 通 , 區)

통화
전화로 말을 주고받음.

(族 , 向 , 通 , 區)

방향
무엇이 나아가거나 향하는 쪽.

(族 , 向 , 通 , 區)

실력 기르기

1 다음 한자의 훈(뜻)과 음(소리)을 쓰세요.

(1) 族 ( )

(2) 通 ( )

(3) 區 ( )

(4) 向 ( )

2 다음 밑줄 친 말에 해당하는 한자를 보기에서 찾아 그 번호를 쓰세요.

보기

① 區   ② 同   ③ 向   ④ 通   ⑤ 族

(1) 남쪽을 향해 서면 넓은 바다가 보입니다.   → ( )

(2) 농촌, 어촌, 산지촌으로 마을을 구분합니다.   → ( )

(3) 이 길은 고속 도로로 가는 길과 통해 있습니다.   → ( )

(4) 예부터 우리 겨레는 이웃끼리 돕고 살았습니다.   → ( )

3 다음 밑줄 친 한자어의 독음(읽는 소리)을 쓰세요.

(1) 추석과 설날은 우리 民族 고유의 명절입니다.   ( )

(2) 우리 집은 南向이라 볕이 잘 들어와 따뜻합니다.   ( )

(3) 우리 동네까지 지하철이 연결되어 交通이 편리해졌습니다.   ( )

4 다음 문장에 어울리는 한자어가 되도록 알맞은 한자를 [보기]에서 찾아 그 번호를 쓰세요.

보기

① 通   ② 區   ③ 族   ④ 向

(1) 통하여 다니는 길은 [　]路   → (　　　　)

(2) 바람이 불어오는 방향은 風[　]   → (　　　　)

(3) 어떤 구역과 다른 구역과의 사이는 [　]間   → (　　　　)

5 다음 한자의 진하게 표시한 획은 몇 번째 쓰는지 [보기]에서 찾아 그 번호를 쓰세요.

보기

① 첫 번째   ② 두 번째   ③ 네 번째   ④ 다섯 번째
⑤ 여섯 번째   ⑥ 여덟 번째   ⑦ 아홉 번째   ⑧ 열한 번째

(1) 區 (　　　　)   (2) 通 (　　　　)

한자어 활용
6 다음 글에서 한자어의 독음(읽는 소리)을 쓰세요.

오늘날에는 교육이나 일자리 때문에 사람들이 도시로 이동하면서 核家族(핵 [　][　])이 많아졌어요. 자녀 없이 부부로만 이루어진 가족, 부모와 결혼하지 않은 자녀로 이루어진 가족처럼 가족의 규모가 작아졌지요. 그러면서 가족끼리 疏通(소 [　])할 기회가 줄어들었어요.

부수 田	총 9획	쓰는 순서 ノ 冂 冂 田 田 界 界 界 界

界
지경 계

밭과 밭 사이를 구분하는 경계를 나타내요. '지경', '경계'를 뜻해요.

界	界	界
지경 계	지경 계	지경 계

부수 土	총 11획	쓰는 순서 ⌐ ⌐ ⌐ ⌐ ⌐ ⌐ 严 严 兴 兴 堂 堂

堂
집 당

유의자 家(집 가), 室(집 실)

높이 쌓아 올린 흙 위에 세운 집의 모습을 나타낸 글자예요. '집', '사랑채'를 뜻해요.

堂	堂	堂
집 당	집 당	집 당

1 한자의 훈(뜻)과 음(소리)을 찾아 선으로 이으세요.

모양 확인

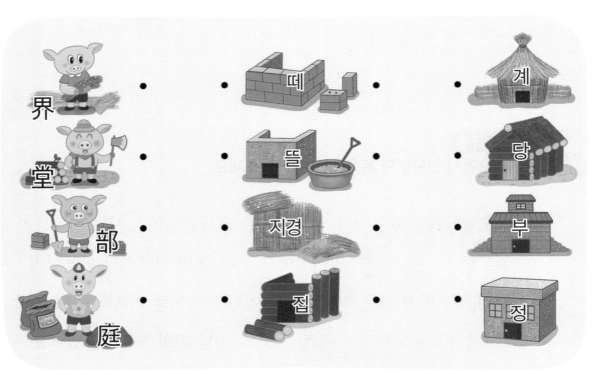

● 한자를 따라 쓰며 익혀요.

다시 보기 7급 道 길 도 左 왼 좌 右 오른 우

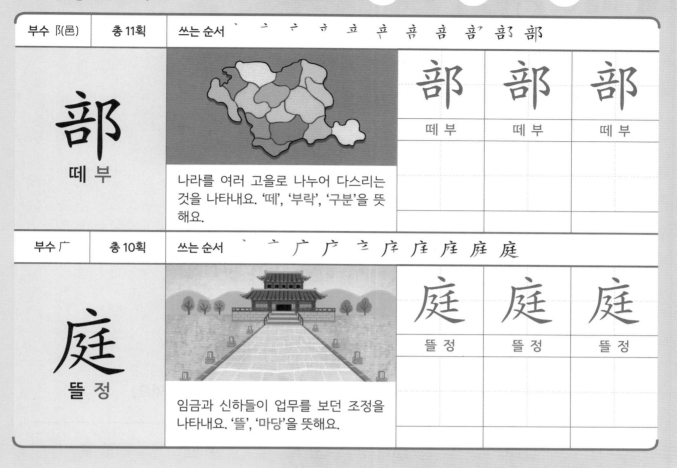

부수 阝(邑)	총 11획	쓰는 순서 ` ㅗ ㅗ ㅗ 立 产 音 音 音 部³ 部

部
떼 부

나라를 여러 고을로 나누어 다스리는 것을 나타내요. '떼', '부락', '구분'을 뜻해요.

部	部	部
떼 부	떼 부	떼 부

부수 广	총 10획	쓰는 순서 ` 宀 广 广 广 广 庄 庄 庭 庭

庭
뜰 정

임금과 신하들이 업무를 보던 조정을 나타내요. '뜰', '마당'을 뜻해요.

庭	庭	庭
뜰 정	뜰 정	뜰 정

2 그림이 나타내는 한자어를 찾아 ∨표 하세요.

훈·음
확인

☐ **경界**
서로 다른 두 지역이 구분되는 지점.

☐ **庭원**
집 안에 풀과 나무 등을 가꾸어 놓은 뜰이나 꽃밭.

☐ **서堂**
옛날에 아이들이 글을 배우던 곳.

☐ **가庭**
한 가족이 생활하는 집.

☐ **部분**
전체를 이루고 있는 작은 범위.

☐ **외界**
지구 밖의 세계.

다 내 거야.

☐ **전部**
모두.

☐ **강堂**
강연이나 강의, 공연 등을 할 때에 쓰는 건물이나 큰 방.

1 다음 한자의 훈(뜻)과 음(소리)을 쓰세요.

(1) 部 ( )

(2) 堂 ( )

(3) 庭 ( )

(4) 界 ( )

2 다음 밑줄 친 말에 해당하는 한자를 보기에서 찾아 그 번호를 쓰세요.

보기
① 界 ② 部 ③ 音 ④ 庭 ⑤ 堂

(1) 아이들이 떼를 지어 교문에서 나옵니다. → ( )

(2) 이 경계를 벗어나면 안전한 곳이 나옵니다. → ( )

(3) 봄이면 우리 집 뜰에는 예쁜 꽃들이 핍니다. → ( )

(4) 경로당은 노인들이 쉴 수 있게 마련한 집입니다. → ( )

3 다음 밑줄 친 한자어의 독음(읽는 소리)을 쓰세요.

(1) 이 食堂은 음식 맛이 좋아서 늘 손님이 많습니다. ( )

(2) 各界의 환경 전문가들이 회의장에 모두 모였습니다. ( )

(3) 형은 글짓기 대회에 나가 시 部門에서 우수상을 차지하였습니다. ( )

4 다음 문장에 어울리는 한자어가 되도록 알맞은 한자를 보기 에서 찾아 그 번호를 쓰세요.

보기
① 庭　　　② 部　　　③ 堂　　　④ 界

(1) 학교 안의 뜰은 校 ☐　　　　　　　　→ (　　　　　)

(2) 서로 나누어진 두 지역의 경계가 되는 선은 分 ☐ 線 → (　　　　　)

(3) 회사나 군대 같은 무리에서 어떤 사람 아래에 있는 사람은 ☐ 下
　　　　　　　　　　　　　　　　　→ (　　　　　)

5 다음 한자의 진하게 표시한 획은 몇 번째 쓰는지 보기 에서 찾아 그 번호를 쓰세요.

보기
① 첫 번째　　② 두 번째　　③ 세 번째　　④ 네 번째
⑤ 여섯 번째　　⑥ 일곱 번째　　⑦ 여덟 번째　　⑧ 열 번째

(1) 界 (　　　　　)　　(2) 庭 (　　　　　)

한자어 활용

6 다음 글에서 한자어의 독음(읽는 소리)을 쓰세요.

　　종묘는 조선 시대 *역대 왕과 왕비의 제사를 지내던 祠堂(사 ☐)을 말해요. 종묘의 중심 건물인 정전은 가로 길이가 매우 긴 *목조 건물이에요. 독특하게 지어진 점이 인정되어 1995년에 유네스코 世界(☐ ☐) 문화유산으로 지정되었어요.

* 역대: 이전부터 이미 내려온 여러 대.
* 목조: 나무로 물건을 만듦. 또는 그 물건.

정리하기

○ 다음 그림을 보고, 빈칸에 알맞은 한자를 **보기**에서 찾아 쓰세요.

보기

郡　庭　界　路　京　部　族　向　通　區　堂　園

❶ 참새들이 떼[　　]를 지어 날아가요.

❷ 장승이 향해[　　] 있는 쪽이 마을 입구예요.

❸ 집[　　]이 아주 크고, 뜰[　　]도 정말 넓어요.

❹ 우리 겨레[　　]는 예로부터 흰옷을 즐겨 입었어요.

❺ 마을의 큰길을 경계[　　]로 두 마을로 나누어졌어요.

❻ 고을[　　]이 나지막한 동산[　　]으로 둘러싸여 있어요.

❼ 마을의 서쪽은 서촌, 동쪽은 동촌으로 구분해서[　　] 불러요.

❽ 큰길을 따라가면 서울[　　]로 통하는[　　] 길[　　]이 나와요.

[1~7] 다음 밑줄 친 말에 해당하는 漢字語(한자어)의 讀音(독음: 읽는 소리)을 쓰세요.

> **보기**
>
> 漢字 ➡ 한자

1   <u>果樹園</u>에 들어가 사과와 배를 땄습니다.   (   )

2   서울은 지하철 <u>路線</u>이 많아서 복잡합니다.   (   )

3   학용품을 종류별로 <u>區分</u>해서 정리했습니다.   (   )

4   학교가 멀지 않아 걸어서 <u>通學</u>하고 있습니다.   (   )

5   꾸준히 연습했더니 노래 실력이 <u>向上</u>되었습니다.   (   )

6   온 <u>家族</u>이 형의 초등학교 졸업식에 참석했습니다.   (   )

7   봄을 맞아 <u>庭園</u>에 예쁜 꽃나무를 사다 심었습니다.   (   )

[8~19] 다음 漢字(한자)의 訓(훈: 뜻)과 音(음: 소리)을 쓰세요.

> **보기**
>
> 字 ➡ 글자 자

8   向 (   )   9   通 (   )

10 郡 (   )   11 園 (   )

12 堂 (   )   13 庭 (   )

14 族 (   )   15 界 (   )

16 部 (   )   17 京 (   )

18 區 (   )   19 路 (   )

[20~26] 다음 밑줄 친 漢字語(한자어)를 漢字(한자)로 쓰세요.

> **보기**
>
> 한자 ➡ 漢字

20 많은 차들이 <u>차로</u>를 쌩쌩 달립니다.   (   )

21 <u>세계</u> 지도를 보면서 여행 계획을 세웠습니다.   (   )

22 우리나라 민요에는 <u>민족</u>의 한이 담겨 있습니다.   (   )

23 기차 안은 <u>통로</u>까지 사람들이 꽉 차 있었습니다.   (   )

24 골목길에서 오른쪽 <u>방향</u>으로 돌면 우리 집입니다.   (   )

25 <u>화원</u>에 들러 부모님께 드릴 카네이션을 샀습니다.   (   )

26 삼촌은 가수의 꿈을 안고 시골에서 <u>상경</u>하였습니다.   (   )

[27~29] 다음 漢字(한자)와 뜻이 같거나 비슷한 것을 **보기**에서 찾아 그 번호를 쓰세요.

> **보기**
>
> ① 邑   ② 室   ③ 道

27 路 — (   )   28 郡 — (   )

29 堂 — (   )

[30~32] 다음 뜻에 맞는 漢字語(한자어)를 **보기**에서 찾아 그 번호를 쓰세요.

> **보기**
>
> ① 部分   ② 路面   ③ 通風   ④ 全部

30 길의 바닥 표면.   (   )

31 전체를 몇 개로 나눈 것의 하나.   (   )

32 바람이 통함. 또는 바람이 통하게 함.   (   )

[33~34] 다음 사자성어의 빈칸에 알맞은 漢字(한자)를 보기 에서 찾아 그 번호를 쓰세요.

> 보기
>
> ① 區 　　　 ② 園 　　　 ③ 路 　　　 ④ 堂

33 正正(　　　　　　)堂: 태도나 수단이 올바르고 떳떳함.

34 一(　　　　　　)平安: 먼 길을 떠나거나 여행을 할 때의 평안함.

[35~36] 다음 漢字(한자)와 音(음: 소리)은 같으나 訓(훈: 뜻)이 다른 것을 보기 에서 찾아 그 번호를 쓰세요.

> 보기
>
> ① 京 　　　 ② 足 　　　 ③ 軍 　　　 ④ 老

35 族 (　　　　　　) 　　　　　36 郡 (　　　　　　)

[37~38] 다음 漢字語(한자어)의 뜻을 풀이하세요.

37 校庭: (　　　　　　　　　　　　　　　　　　　　　　　)

38 南向: (　　　　　　　　　　　　　　　　　　　　　　　)

[39~40] 다음 漢字(한자)의 진하게 표시한 획은 몇 번째 쓰는지 보기 에서 찾아 그 번호를 쓰세요.

> 보기
>
> ① 첫 번째 　　 ② 두 번째 　　 ③ 세 번째 　　 ④ 네 번째
> ⑤ 열 번째 　　 ⑥ 열한 번째 　 ⑦ 열두 번째 　 ⑧ 열세 번째

39 區 (　　　　　　) 　　　　40 園 (　　　　　　)

부수 八	총 4획	쓰는 순서 ノ 八 公 公			
公 공평할 공		어느 한쪽으로 치우치지 않고 사물을 똑같이 나누는 것을 나타내요. '공평하다'를 뜻해요.	公 공평할 공	公 공평할 공	公 공평할 공
부수 亻(人)	총 5획	쓰는 순서 ノ 亻 亻 代 代			
代 대신할 대		사람이 끈처럼 연결되어 앞 세대와 뒤 세대가 지속해서 이어짐을 나타내요. '대신하다'를 뜻해요.	代 대신할 대	代 대신할 대	代 대신할 대

1 사다리를 타고 내려가 훈(뜻)과 음(소리)에 알맞은 한자를 모두 찾아 ○표 하세요.

모양
확인

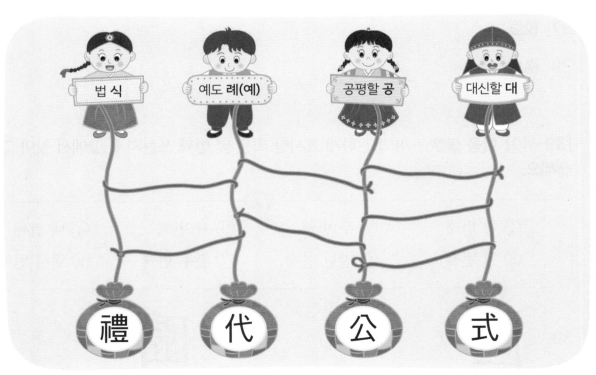

● 한자를 따라 쓰며 익혀요.

부수 弋	총 6획	쓰는 순서 一 二 テ 〒 式 式

式
법 식

유의자 例(법식 례)

장인들이 자신이 정한 규칙에 따라 물건을 만드는 것을 나타내요. '법'이나 '제도', '의식'을 뜻해요.

式	式	式
법 식	법 식	법 식

부수 示	총 18획	쓰는 순서 一 二 テ テ 示 示 示 禮 禮 禮 禮 禮 禮 禮 禮 禮 禮

禮
예도 례(예)

추수 후 수확한 곡식을 풍성하게 차려 놓고 예의를 갖춰 신에게 제사를 지내는 모습을 나타낸 글자예요. '예절'을 뜻해요.

禮	禮	禮
예도 례(예)	예도 례(예)	예도 례(예)

2 한자와 관련 있는 한자어 카드를 찾아 그 번호를 쓰세요.

훈·음 확인

❶ 교 대
일을 나누어 맡아서 차례에 따라 함.

❷ 공 주
왕과 왕비 사이에 태어난 딸.

❸ 실 례
말이나 행동이 예의에 벗어남.

❹ 결 혼 식
부부가 됨을 알리는 의식.

(1) 公: (   ) (2) 代: (   ) (3) 式: (   ) (4) 禮: (   )

1 다음 한자의 훈(뜻)과 음(소리)을 쓰세요.

(1) 式 ( )

(2) 禮 ( )

(3) 公 ( )

(4) 代 ( )

2 다음 밑줄 친 말에 해당하는 한자를 보기에서 찾아 그 번호를 쓰세요.

보기

① 今　　② 禮　　③ 代　　④ 式　　⑤ 公

(1) 다른 사람과 대화하는 법을 배웠습니다. → ( )

(2) 아픈 나를 대신해 형이 방 청소를 했습니다. → ( )

(3) 사회자는 발표할 기회를 공평하게 주었습니다. → ( )

(4) 어른과 식사할 때에는 예도를 잘 지켜야 합니다. → ( )

3 다음 밑줄 친 한자어의 독음(읽는 소리)을 쓰세요.

(1) 드레스를 입은 신부가 <u>禮式場</u> 안으로 입장합니다. ( )

(2) 그는 이번 올림픽을 끝으로 은퇴를 하겠다고 <u>公式</u> 발표했습니다. ( )

(3) <u>現代</u> 의학의 발달로 고치지 못했던 병들도 치료할 수 있게 되었습니다. ( )

4 다음 문장에 어울리는 한자어가 되도록 알맞은 한자를 보기에서 찾아 그 번호를 쓰세요.

보기

① 公 　　　 ② 式 　　　 ③ 代 　　　 ④ 禮

(1) 공평하고 올바른 것은 ☐正 　　　 → (　　　　)

(2) 어느 하나로 대신하여 나타내는 것은 ☐表 　　　 → (　　　　)

(3) 입학하는 학생들을 모아 놓고 하는 의식은 入學☐ 　　　 → (　　　　)

5 다음 한자의 진하게 표시한 획은 몇 번째 쓰는지 보기에서 찾아 그 번호를 쓰세요.

보기

① 첫 번째 　　　 ② 두 번째 　　　 ③ 세 번째 　　　 ④ 네 번째

⑤ 다섯 번째 　　　 ⑥ 여섯 번째

(1) 代 (　　　　) 　　　 (2) 式 (　　　　)

한자어 활용

6 다음 글에서 한자어의 독음(읽는 소리)을 쓰세요.

문자로 기록을 남기기 이전의 **時代**(☐☐)를 '선사 시대'라고 해요.
사용했던 도구를 기준으로 하여 선사 시대를 구석기와 신석기로 나눌 수
있어요. 구석기에는 돌을 깨뜨려서 도구를 만들었고, 신석기에는 돌을 갈
아서 날카롭게 만들었어요. 그에 따라 사람들의 생활 **方式**(☐☐)도
달라졌어요.

부수 示	총 8획	쓰는 순서 ` ㅡ ㅜ 千 示 示 社 社			

社
모일 사
유의자 會 (모일 회),
集 (모을 집)

많은 사람이 모여서 땅의 신에게 제사를 지내는 것을 나타내요. '모이다'를 뜻해요.

社	社	社
모일 사	모일 사	모일 사

부수 曰	총 13획	쓰는 순서 ノ 人 人 人 今 今 命 命 俞 俞 會 會 會			

會
모일 회
유의자 社 (모일 사),
集 (모을 집)

음식이 담긴 그릇에 뚜껑을 덮은 모습을 나타낸 글자예요. '모이다', '만나다'를 뜻해요.

會	會	會
모일 회	모일 회	모일 회

1 훈(뜻)과 음(소리)에 맞는 한자를 찾아 그 번호를 쓰세요.

모양
확인

• 모일 사: (　　　)　• 모일 회: (　　　)　• 법도 도: (　　　)　• 법식 례: (　　　)

부수 广	총 9획	쓰는 순서	广 广 户 庐 庐 度

度
법도 도
헤아릴 탁

돌멩이를 던져 길이를 재는 모습을 표현한 것으로, 정해진 기준을 나타내요. '법도', '법'을 뜻해요.

度	度	度
법도 도	법도 도	법도 도

부수 亻(人)	총 8획	쓰는 순서	丿 亻 亻 仿 仿 例 例

例
법식 례(예)

유의자 式(법 식)

사람이 나란히 줄을 지어 서 있는 모습을 나타낸 글자예요. 지켜야 할 순서인 '법식', '규칙'을 뜻해요.

例	例	例
법식 례(예)	법식 례(예)	법식 례(예)

2 그림이 나타내는 한자어의 뜻을 보고, 빈칸에 들어갈 한자를 찾아 ○표 하세요.

훈·음
확인

□ 장
회사를 대표하고 회사의 일을 책임지는 사람.

社　例

□ 의
여럿이 모여 의논함.

會　社

차 □
어떤 일을 하거나 어떤 일이 일어나는 순서.

例　度

온 □
따뜻하고 차가운 정도를 나타내는 숫자.

度　會

실력 기르기

1 다음 한자의 훈(뜻)과 음(소리)을 쓰세요.

(1) 社 ( )

(2) 會 ( )

(3) 度 ( )

(4) 例 ( )

2 다음 밑줄 친 말에 해당하는 한자를 보기에서 찾아 그 번호를 쓰세요.

보기

① 市   ② 後   ③ 社   ④ 度   ⑤ 會

(1) 집안의 법도를 어릴 때부터 익혔습니다.   → (   )

(2) 학생들이 강당에 모여 학예 발표회를 합니다.   → (,   )

3 다음 밑줄 친 한자어의 독음(읽는 소리)을 쓰세요.

(1) 낱말의 뜻에 어울리는 **例文**을 만들어 보았습니다.   (   )

(2) 엄마는 요즘 **會社** 일이 많아서 집에 늦게 오십니다.   (   )

(3) 축구 대표 선수들은 올림픽을 앞두고 **強度** 높은 훈련을 받고 있습니다.   (   )

4 다음 문장에 어울리는 한자어가 되도록 알맞은 한자를 보기에서 찾아 그 번호를 쓰세요.

보기

① 度   ② 社   ③ 例   ④ 會

(1) 이전에 실제로 일어난 예는 事☐   → (   )

(2) 회사에 일자리를 얻어 들어가는 것은 入☐   → (   )

(3) 여러 사람이 모여 함께 음식을 먹는 것은 ☐食   → (   )

5 다음 한자의 진하게 표시한 획은 몇 번째 쓰는지 보기에서 찾아 그 번호를 쓰세요.

보기

① 첫 번째   ② 세 번째   ③ 네 번째   ④ 여섯 번째
⑤ 여덟 번째   ⑥ 열 번째   ⑦ 열두 번째   ⑧ 열세 번째

(1) 會 (   )   (2) 度 (   )

한자어 활용

6 다음 글에서 한자어의 독음(읽는 소리)을 쓰세요.

쇼팽과 리스트는 둘 다 훌륭한 피아노 연주자이자 작곡가였어요. 하지만 성격은 완전히 달랐어요. 쇼팽은 귀족들이 모이는 社交場(☐☐☐)에서 조용히 연주하기를 좋아했고, 리스트는 대형 演奏會場(연주☐☐)에서 관심을 끌며 연주하는 것을 즐겼어요.

부수 八	총 6획	쓰는 순서 一 十 卄 芇 共 共

共 한가지 공		共 한가지 공 | 共 한가지 공 | 共 한가지 공

유의자 同 (한가지 동)
반대자 各 (각각 각)

두 손으로 제사에 쓰는 그릇을 공손히 들고 가는 모양을 따라 만든 글자예요. '한가지', '함께'를 뜻해요.

부수 口	총 8획	쓰는 순서 ⺾ ⺁ 千 チ 禾 和 和 和

和 화할 화		和 화할 화 | 和 화할 화 | 和 화할 화

반대자 戰 (싸움 전)

수확한 벼를 여럿이 나누어 먹는 것을 나타내요. '화목하다', '온화하다'를 뜻해요.

1 그림에 있는 한자의 개수를 세어 쓰세요.

모양
확인

 한가지 공
( )개

 화할 화
( )개

 다스릴 리
( )개

 사랑 애
( )개

● 한자를 따라 쓰며 익혀요.

다시 보기 7급　方 모 방　內 안 내　世 인간 세

부수 王(玉)	총 11획	쓰는 순서 一 二 千 王 玗 玾 玾 理 理 理 理

理
다스릴 리(이)

단단한 옥을 깎아 옥에 무늬를 새겨 넣는 일을 나타내요. '다스리다', '이치'를 뜻해요.

理	理	理
다스릴 리(이)	다스릴 리(이)	다스릴 리(이)

부수 心	총 13획	쓰는 순서 ノ ィ ィ ⺥ ⺥ ⺥ 爫 爫 受 愛 愛 愛 愛

愛
사랑 애

사람의 가슴에 심장이 들어가 있는 모습을 나타낸 글자예요. '사랑하다'를 뜻해요.

愛	愛	愛
사랑 애	사랑 애	사랑 애

2 한자어 카드의 빨간색 글자에 알맞은 한자를 찾아 선으로 이으세요.

훈·음
확인

공 용

다른 사람과 함께 사용함.

· 共 ·

· 和 ·

· 理 ·

· 愛 ·

미안해. 나도 미안해.

화 해

싸움을 멈추고 안 좋은 감정을 품.

애 정

어떤 것을 사랑하는 마음.

요 리

음식을 만듦.

1 다음 한자의 훈(뜻)과 음(소리)을 쓰세요.

(1) 共 (   )

(2) 理 (   )

(3) 愛 (   )

(4) 和 (   )

2 다음 밑줄 친 말에 해당하는 한자를 보기에서 찾아 그 번호를 쓰세요.

보기

① 理   ② 和   ③ 愛   ④ 共   ⑤ 里

(1) 임금은 백성을 잘 다스렸습니다.   → (   )

(2) 옆집 형과 동생이 한가지로 마음이 착합니다.   → (   )

(3) 할머니는 이웃들에게 사랑을 베풀며 사십니다.   → (   )

(4) 가족끼리 서로 도우니 집안 분위기가 화목합니다.   → (   )

3 다음 밑줄 친 한자어의 독음(읽는 소리)을 쓰세요.

(1) 친구에게 약속 장소에 늦게 온 理由를 물었습니다. (   )

(2) 가족 간의 和合을 위해 주말에 등산을 다녀왔습니다. (   )

(3) 아빠가 내 말에 고개를 끄덕이며 共感해 주셨습니다. (   )

4 다음 문장에 어울리는 한자어가 되도록 알맞은 한자를 보기에서 찾아 그 번호를 쓰세요.

보기

① 愛　　　② 共　　　③ 和　　　④ 理

(1) 평온하고 화목한 것은 平 [ ]　　　　　→ (　　　　　)

(2) 자기 나라를 사랑하는 마음은 [ ] 國心　→ (　　　　　)

(3) 두 사람 이상이 어떤 것을 함께 가지고 있는 것은 [ ] 有 → (　　　　　)

5 다음 한자의 진하게 표시한 획은 몇 번째 쓰는지 보기에서 찾아 그 번호를 쓰세요.

보기

① 첫 번째　　② 두 번째　　③ 세 번째　　④ 네 번째
⑤ 여섯 번째　⑥ 여덟 번째　⑦ 아홉 번째　⑧ 열한 번째

(1) 共 (　　　　　)　　(2) 理 (　　　　　)

한자어 활용

6 다음 글에서 한자어의 독음(읽는 소리)을 쓰세요.

　　개미와 진딧물은 종류가 다른 곤충이지만 서로에게 이익을 주며 함께 調和(조 [ ])롭게 살아가요. 개미는 무당벌레로부터 진딧물을 보호해 주고, 진딧물은 식물에서 빨아들인 달콤한 *수액을 개미에게 나누어 주어요. 이런 관계를 '共生([ ] [ ])'이라고 해요.

* 수액: 땅속에서 나무의 줄기를 통하여 잎으로 올라가는, 나무의 영양분이 되는 액체.

정리하기

o 다음 그림을 보고, 빈칸에 알맞은 한자를 보기에서 찾아 쓰세요.

신부 집에서 혼례식을 하는구나.

─── 보기 ───

| 愛 | 共 | 度 | 公 | 理 | 禮 | 社 | 例 | 和 | 代 | 式 | 會 |

❶ 법식[　]에 따라 신랑 신부가 혼례를 치러요.

❷ 신랑과 신부의 마음이 한가지[　]로 통했어요.

❸ 마을 사람들이 혼례식을 보러 모였어요[　, 　].

❹ 혼례식 분위기가 사랑[　]이 넘치고 화해요[　].

❺ 아이는 어른에게 예도[　]를 지켜 공손하게 인사해요.

❻ 옛날에는 신부의 집에서 혼례를 치르는 게 법도[　]였어요.

❼ 법[　]을 어긴 죄인을 다스리기[　] 위해 포졸이 죄인을 잡아가요.

❽ 집주인을 대신해[　] 동네 아이들에게 떡을 공평하게[　] 나누어 주어요.

[1~7] 다음 밑줄 친 말에 해당하는 漢字語(한자어)의 讀音(독음: 읽는 소리)을 쓰세요.

> **보기**
>
> 漢字 ➔ 한자

1 많은 사람이 **公園**에 나와 산책을 합니다. ( )

2 우리는 정보가 넘치는 **時代**에 살고 있습니다. ( )

3 이 중국집은 우리 가족이 **愛用**하는 곳입니다. ( )

4 편지나 일기 **形式**으로 독후감을 쓰려고 합니다. ( )

5 어려운 낱말을 **用例**를 들어 쉽게 설명해 주었습니다. ( )

6 엄마가 오늘 **會食**이 있으셔서 집에 늦게 오셨습니다. ( )

7 여러 **角度**에서 후보자들을 살펴보고 투표를 했습니다. ( )

[8~19] 다음 漢字(한자)의 訓(훈: 뜻)과 음(음: 소리)을 쓰세요.

> **보기**
>
> 字 ➔ 글자 자

8 社 ( ) 　　9 例 ( )

10 共 ( ) 　　11 和 ( )

12 禮 ( ) 　　13 公 ( )

14 理 ( ) 　　15 代 ( )

16 會 ( ) 　　17 愛 ( )

18 度 ( ) 　　19 式 ( )

[20~26] 다음 밑줄 친 漢字語(한자어)를 漢字(한자)로 쓰세요.

> **보기**
>
> 한자 → 漢字

20 <u>공동</u> 화장실은 깨끗이 사용해야 합니다. (   )

21 이모에게 <u>애인</u>이 생겨서 축하해 주었습니다. (   )

22 <u>사장</u>은 회사 직원들의 월급을 올려 주었습니다. (   )

23 전쟁이 없는 <u>평화</u>로운 세상이 되기를 바랍니다. (   )

24 판사는 법에 따라 <u>공정</u>한 판결을 내려야 합니다. (   )

25 할머니께서는 전통 <u>방식</u>으로 두부를 만드십니다. (   )

26 이번 마라톤 <u>대회</u>에 아빠와 오빠가 참가했습니다. (   )

[27~29] 다음 漢字(한자)와 뜻이 같거나 비슷한 것을 **보기** 에서 찾아 그 번호를 쓰세요.

> **보기**
>
> ① 社   ② 例   ③ 同

27 會 — (   )   **28** 共 — (   )

29 式 — (   )

[30~32] 다음 뜻에 맞는 漢字語(한자어)를 **보기** 에서 찾아 그 번호를 쓰세요.

> **보기**
>
> ① 例外   ② 代理   ③ 會社   ④ 入社

30 다른 사람을 대신하여 일을 처리함. (   )

31 회사에 일자리를 얻어 들어가는 것. (   )

32 일반적인 규칙이나 예에서 벗어나는 일. (   )

[33~34] 다음 사자성어의 빈칸에 알맞은 漢字(한자)를 **보기**에서 찾아 그 번호를 쓰세요.

> **보기**
>
> ① 愛　　　② 代　　　③ 和　　　④ 公

33 (　　　　　　)之重之: 매우 사랑하고 소중히 여기는 모양.

34 (　　　　　　)代孫孫: 여러 대를 이어서 내려오는 모든 자손.

[35~36] 다음 漢字(한자)와 音(음: 소리)은 같으나 訓(훈: 뜻)이 다른 것을 **보기**에서 찾아 그 번호를 쓰세요.

> **보기**
>
> ① 氣　　　② 食　　　③ 功　　　④ 孝

35 共 (　　　　　　)　　　　　　**36** 式 (　　　　　　)

[37~38] 다음 漢字語(한자어)의 뜻을 풀이하세요.

37 會場: (　　　　　　　　　　　　　　　　　　　　　)

38 愛國者: (　　　　　　　　　　　　　　　　　　　　)

[39~40] 다음 漢字(한자)의 진하게 표시한 획은 몇 번째 쓰는지 **보기**에서 찾아 그 번호를 쓰세요.

> **보기**
>
> ① 첫 번째　　　② 세 번째　　　③ 다섯 번째　　　④ 여섯 번째
> ⑤ 일곱 번째　　⑥ 여덟 번째　　⑦ 아홉 번째　　⑧ 열 번째

39 式 (　　　　　　)　　　　**40** 會 (　　　　　　)

부수 目	총 9획	쓰는 순서 ⌐ ⼩ 小 少 少 省 省 省 省

省
살필 성
덜 생

풀이나 나무를 바라보고 있는 모습을 나타낸 글자예요. '살피다', '덜다'를 뜻해요.

省	省	省
살필 성	살필 성	살필 성

부수 干	총 8획	쓰는 순서 ⼀ ⼗ ⼟ ⼟ ⼟ ⼟ 幸 幸

幸
다행 행

수갑과 쇠사슬의 모양을 따라 만든 글자예요. 죄를 지은 사람을 잡은 일이 천만다행이므로, '다행', '행복'을 뜻해요.

幸	幸	幸
다행 행	다행 행	다행 행

1 한자의 훈(뜻)과 음(소리)을 보기에서 찾아 같은 색으로 칠하세요.

모양
확인

보기

살필 성 ◼︎   다행 행 ◻︎   쓸 고 ◼︎   잃을 실 ◼︎

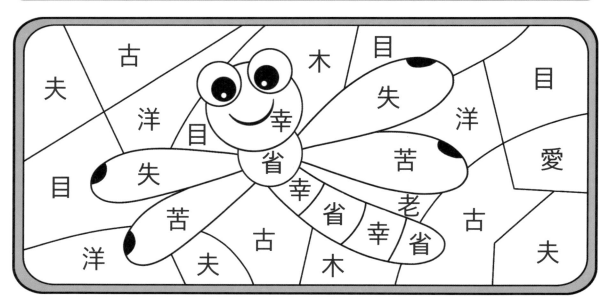

부수 ++(艸)	총 9획	쓰는 순서	一 十 艹 艹 芐 芐 苦 苦		

苦
쓸 고

반대자 樂(즐길 락)

매우 쓴 풀을 먹고 괴로워하는 사람의 모습을 나타낸 글자예요. '쓰다', '괴롭다'를 뜻해요.

苦	苦	苦
쓸 고	쓸 고	쓸 고

부수 大	총 5획	쓰는 순서	丿 一 二 牛 失

失
잃을 실

손에서 물건을 떨어뜨려 잃어버린 모습을 나타낸 글자예요. '잃다'를 뜻해요.

失	失	失
잃을 실	잃을 실	잃을 실

2 한자어 카드의 빨간색 글자에 알맞은 한자를 (　)에서 찾아 ○표 하세요.

훈·음 확인

고통
몸이나 마음이 괴롭고 아픔.

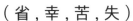
(省 , 幸 , 苦 , 失)

행복
삶에서 충분한 만족과 기쁨을 느껴 흐뭇함을 느끼는 상태.

(省 , 幸 , 苦 , 失)

잘못했어요.

반성
자신의 말이나 행동에 잘못이 없는가를 곰곰이 생각하는 것.

(省 , 幸 , 苦 , 失)

실패
원하거나 목적한 것을 이루지 못함.

(省 , 幸 , 苦 , 失)

1 다음 한자의 훈(뜻)과 음(소리)을 쓰세요.

(1) 苦 ( )

(2) 省 ( )

(3) 失 ( )

(4) 幸 ( )

2 다음 밑줄 친 말에 해당하는 한자를 보기에서 찾아 그 번호를 쓰세요.

보기

① 失   ② 苦   ③ 幸   ④ 古   ⑤ 省

(1) 많이 다치지 않아서 정말 다행입니다.   → ( )

(2) 시험에 떨어진 쓴 경험이 도움이 되었습니다.   → ( )

(3) 집이 가난해서 공부할 기회를 잃었다고 합니다.   → ( )

(4) 꾸중을 듣고 내가 무슨 잘못을 했는지 돌이켜 살폈습니다. → ( )

3 다음 밑줄 친 한자어의 독음(읽는 소리)을 쓰세요.

(1) 너무 늦은 시간에 전화를 드려 **失禮**가 많았습니다.   ( )

(2) 아이가 건강을 되찾아서 얼마나 **多幸**인지 모릅니다.   ( )

(3) 다른 팀 선수에게 욕설을 한 선수가 깊이 **自省**하겠다고 말했습니다.   ( )

4 다음 문장에 어울리는 한자어가 되도록 알맞은 한자를 보기에서 찾아 그 번호를 쓰세요.

> 보기
> ① 省　　　　② 幸　　　　③ 失　　　　④ 苦

(1) 행복하지 않은 것은 不□　　　　　　→ (　　　　　)

(2) 실수로 잘못 말한 것은 □言　　　　→ (　　　　　)

(3) 어렵고 힘들게 사는 것은 □生　　　→ (　　　　　)

5 다음 한자의 진하게 표시한 획은 몇 번째 쓰는지 보기에서 찾아 그 번호를 쓰세요.

> 보기
> ① 첫 번째　　② 두 번째　　③ 세 번째　　④ 네 번째
> ⑤ 여섯 번째　⑥ 일곱 번째　⑦ 여덟 번째　⑧ 아홉 번째

(1) 失 (　　　　) 　　(2) 省 (　　　　)

한자어 활용

6 다음 글에서 한자어의 독음(읽는 소리)을 쓰세요.

　　우리나라에서는 토끼풀이라고 불리는 클로버는 원래 잎이 세 개인 풀이에요. *돌연변이로 네 개의 잎이 생겨난 클로버를 '네잎클로버'라고 하며, 네잎클로버는 **幸運**(□운)을 의미해요. 하지만 네잎클로버를 찾는 일은 쉽지 않으므로, 들판에서 네잎클로버를 찾지 못해도 **失望**(□망)하지 말아요.

* 돌연변이: 유전자의 이상으로 이전에는 없었던 모습이나 특성이 나타나는 현상.

한자 익히기

부수 高	총 10획	쓰는 순서	` 亠 亠 古 古 亢 高 高 高 高

高
높을 고

반대자 下 (아래 하)

높이 솟은 누각의 모습을 따라 만든 글자예요. '높다', '크다'를 뜻해요.

高	高	高
높을 고	높을 고	높을 고

부수 戈	총 7획	쓰는 순서	ノ 厂 厂 厈 成 成 成

成
이룰 성

도구를 사용해서 사물을 만드는 것을 나타내요. '이루다', '완성하다'를 뜻해요.

成	成	成
이룰 성	이룰 성	이룰 성

1 훈(뜻)과 음(소리)에 맞는 한자를 찾아 그 번호를 쓰세요.

모양
확인

❶運 ❷成 ❸高 ❹勝

• 높을 고: (   ) • 이룰 성: (   ) • 옮길 운: (   ) • 이길 승: (   )

● 한자를 따라 쓰며 익혀요.

다시 보기 7급 **正** 바를 정 **不** 아닐 불

부수 辶(辵)	총 13획	쓰는 순서 一 冖 冖 冖 冃 冒 冒 宣 軍 軍 運 運 運

運
옮길 운

유의자 動(움직일 동)

군대가 짐을 꾸려 이동하는 것을 나타내요. '옮기다', '움직이다'를 뜻해요.

運	運	運
옮길 운	옮길 운	옮길 운

부수 力	총 12획	쓰는 순서 丿 刀 月 月 月 月 肝 肝 朕 朕 勝 勝

勝
이길 승

힘을 써서 싸움에서 이기는 모습을 나타낸 글자예요. '이기다'를 뜻해요.

勝	勝	勝
이길 승	이길 승	이길 승

2

훈·음 확인

한자와 관련 있는 한자어 카드를 찾아 그 번호를 쓰세요.

❶ 완 성
일을 완전하게 다 이룸.

❷ 고 속
매우 빠른 속도.

❸ 승 패
이기고 지는 것을 아울러 이르는 말.

❹ 운 전
기계나 자동차를 움직이고 조종함.

(1) 高 : (　　　　) (2) 成 : (　　　　) (3) 運 : (　　　　) (4) 勝 : (　　　　)

1 다음 한자의 훈(뜻)과 음(소리)을 쓰세요.

(1) 運 (   )

(2) 成 (   )

(3) 勝 (   )

(4) 高 (   )

2 다음 밑줄 친 말에 해당하는 한자를 보기 에서 찾아 그 번호를 쓰세요.

보기

① 高   ② 道   ③ 運   ④ 勝   ⑤ 成

(1) 힘을 합쳐 이삿짐을 옮겼습니다.   → (   )

(2) 높은 목표를 향해 최선을 다했습니다.   → (   )

(3) 다른 후보들을 이기고 반장이 되었습니다.   → (   )

(4) 그는 가수가 되고 싶다는 꿈을 이루었습니다.   → (   )

3 다음 밑줄 친 한자어의 독음(읽는 소리)을 쓰세요.

(1) 運動場을 몇 바퀴 뛰니 온몸에서 땀이 났습니다.   (   )

(2) 저는 成長 속도가 빨라서 친구들보다 키가 큽니다.   (   )

(3) 高級 식당이라서 음식값이 비쌌지만 맛은 좋았습니다.   (   )

4 다음 문장에 어울리는 한자어가 되도록 알맞은 한자를 보기에서 찾아 그 번호를 쓰세요.

보기

① 成   ② 勝   ③ 高   ④ 運

(1) 높은 소리는 ☐音   → (   )

(2) 목적하는 것을 이루는 것은 ☐功   → (   )

(3) 싸움이나 경기 등에서 이긴 사람은 ☐者   → (   )

5 다음 한자의 진하게 표시한 획은 몇 번째 쓰는지 보기에서 찾아 그 번호를 쓰세요.

보기

① 첫 번째   ② 두 번째   ③ 세 번째   ④ 여섯 번째
⑤ 일곱 번째   ⑥ 아홉 번째   ⑦ 열 번째   ⑧ 열두 번째

(1) 成 (   )   (2) 勝 (   )

한자어 활용

6 다음 글에서 한자어의 독음(읽는 소리)을 쓰세요.

식물은 잎에서 스스로 양분을 만드는데, 이러한 과정을 '光合成(☐
☐☐)'이라고 해요. 먼저 잎에 있는 엽록체에서 햇빛을 받아요. 그
다음 뿌리가 빨아들인 물과 공기 중의 이산화 탄소를 이용하여 녹말과
산소를 만들어요. 이렇게 만들어진 영양분은 뿌리, 줄기, 잎, 열매 등으로
運搬(☐ 반)돼요.

성취 ❸

한자 익히기

부수 木	총 13획	쓰는 순서 ` `` ``` `` ``` ``` ``` ``` ``` ``` 業

業
업 업

유의자 事(일 사)

종 등을 걸어 사용하던 악기의 모양을 따라 만든 글자예요. '일', '직업'을 뜻해요.

業	業	業
업 업	업 업	업 업

부수 力	총 9획	쓰는 순서 ` `` ``` `` ``` ``` ``` ``` ``` 勇

勇
날랠 용

쇠로 만든 무거운 종을 들 수 있을 만큼 힘과 용기가 있다는 것을 나타내요. '날래다', '용감하다'를 뜻해요.

勇	勇	勇
날랠 용	날랠 용	날랠 용

1 한자의 훈(뜻)과 음(소리)을 바르게 쓴 것을 모두 찾아 ○표 하세요.

모양 확인

● 한자를 따라 쓰며 익혀요.

다시 보기 7급　然 그럴 연　登 오를 등

부수 刂(刀)	총 7획	쓰는 순서 `丿` `二` `千` `手` `禾` `利` `利`

利
이할 리(이)

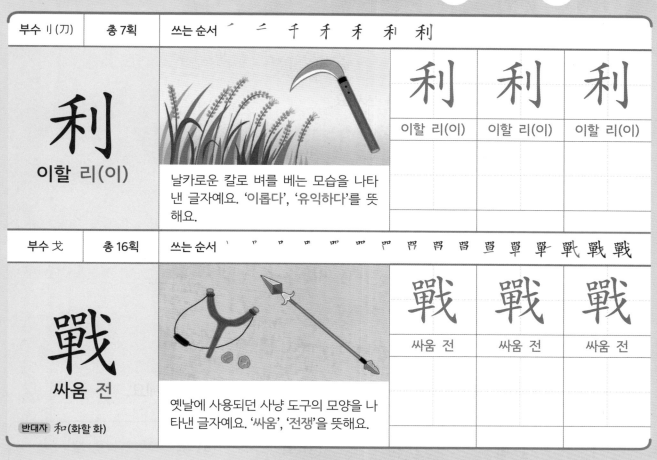

날카로운 칼로 벼를 베는 모습을 나타낸 글자예요. '이롭다', '유익하다'를 뜻해요.

利	利	利
이할 리(이)	이할 리(이)	이할 리(이)

부수 戈	총 16획	쓰는 순서 `丶` `丷` `丬` `严` `严` `严` `严` `严` `严` `单` `單` `戰` `戰` `戰`

戰
싸움 전

반대자 和(화할 화)

옛날에 사용되던 사냥 도구의 모양을 나타낸 글자예요. '싸움', '전쟁'을 뜻해요.

戰	戰	戰
싸움 전	싸움 전	싸움 전

2 한자어의 빨간색 글자에 알맞은 한자를 보기에서 찾아 그 번호를 쓰세요.

훈·음
확인

보기

❶ 業　　❷ 勇　　❸ 利　　❹ 戰

전쟁
나라나 민족이 군대와 무기를 사용하여 서로 싸움.
(　　　)

승리
싸워서 이김.
(　　　)

용맹
용감하고 날래며 기운참.
(　　　)

농업
농작물을 심고 가꾸는 일이나 직업.
(　　　)

1 다음 한자의 훈(뜻)과 음(소리)을 쓰세요.

(1) 業 (   )

(2) 利 (   )

(3) 戰 (   )

(4) 勇 (   )

2 다음 밑줄 친 말에 해당하는 한자를 보기 에서 찾아 그 번호를 쓰세요.

보기
① 戰   ② 利   ③ 勇   ④ 男   ⑤ 業

(1) 두 팀의 싸움은 무승부로 끝났습니다.   → (   )

(2) 동생은 걸음이 날래서 먼저 도착했습니다.   → (   )

(3) 그는 농사짓는 일을 업으로 삼고 살았습니다.   → (   )

(4) 저는 커서 남을 이롭게 하는 사람이 되고 싶습니다.   → (   )

3 다음 밑줄 친 한자어의 독음(읽는 소리)을 쓰세요.

(1) 나는 달리기를 잘해서 축구를 할 때 **有利**합니다.   (   )

(2) 누나는 **學業** 성적이 우수해서 장학금을 받았습니다.   (   )

(3) 그는 마라톤 대회에 **出戰**한 선수 중에서 가장 나이가 많았습니다.   (   )

4 다음 문장에 어울리는 한자어가 되도록 알맞은 한자를 보기에서 찾아 그 번호를 쓰세요.

보기

① 利   ② 戰   ③ 勇   ④ 業

(1) 씩씩하고 날랜 기운은 ☐氣   → (   )

(2) 전쟁을 얼마 동안 멈추는 일은 休☐   → (   )

(3) 대상을 필요에 따라 이롭게 쓰는 것은 ☐用   → (   )

5 다음 한자의 진하게 표시한 획은 몇 번째 쓰는지 보기에서 찾아 그 번호를 쓰세요.

보기

① 첫 번째   ② 세 번째   ③ 일곱 번째   ④ 여덟 번째

⑤ 아홉 번째   ⑥ 열 번째   ⑦ 열두 번째   ⑧ 열세 번째

(1) 業 (   )   (2) 勇 (   )

한자어 활용

6 다음 글에서 한자어의 독음(읽는 소리)을 쓰세요.

광개토 대왕은 우리나라 역사상 가장 넓은 땅을 차지한 왕이에요. 광개토 대왕은 18세에 왕위에 올라 주변 여러 나라와의 戰鬪(☐투)에서 크게 승리하여 영토를 넓혔어요. 그의 아들 장수왕은 아버지의 業績(☐적)을 기리기 위해 광개토 대왕릉비를 세웠어요.

정리하기

주제별
한자를 그림과
함께 복습해요.

○ 다음 그림을 보고, 빈칸에 알맞은 한자를 **보기**에서 찾아 쓰세요.

보기

失　成　苦　幸　勇　省　運　勝　戰　高　利　業

❶ 골대가 너무 높아[　　] 보여요.

❷ 선수들은 몸에 이로운[　　] 음료수를 마셔요.

❸ 승리를 이루기[　　] 위해 치열하게 싸움[　　]을 해요.

❹ 경기를 취재하는 일을 업[　　]으로 하는 사람도 있어요.

❺ 두 선수가 서로 부딪쳤는데 다행[　　]히 다치지는 않았어요.

❻ 선수들은 이기기[　　] 위해 쓴[　　] 고통도 마다하지 않고 뛰어요.

❼ 넋을 잃고[　　] 경기를 보고 있는 관중과 가방을 들어 옮기는[　　] 관중이 있어요.

❽ 한 선수가 실수를 돌이켜 살펴보는[　　] 틈에 상대편이 날래게[　　] 공을 가로채요.

[1~7] 다음 밑줄 친 말에 해당하는 漢字語(한자어)의 讀音(독음: 읽는 소리)을 쓰세요.

> 보기
>
> 漢字 → 한자

1 이번 시합의 **勝者**가 결승에 나가게 됩니다.   (   )

2 감독은 치밀한 **作戰**을 짜서 승리를 거뒀습니다.   (   )

3 저에게 **幸運**이 따라 시험에 합격한 것 같습니다.   (   )

4 드디어 혼자 두발자전거를 타는 데 **成功**했습니다.   (   )

5 친구에게 힘을 내라고 **勇氣**를 북돋워 주었습니다.   (   )

6 일요일은 **休業**하는 약국이 많아 미리 약을 샀습니다.   (   )

7 엄마는 폐식용유를 **利用**하여 비누를 만들어 쓰십니다.   (   )

[8~19] 다음 漢字(한자)의 訓(훈: 뜻)과 音(음: 소리)을 쓰세요.

> 보기
>
> 字 → 글자 자

8 高 (   )   9 成 (   )

10 運 (   )   11 業 (   )

12 勝 (   )   13 勇 (   )

14 戰 (   )   15 幸 (   )

16 失 (   )   17 利 (   )

18 苦 (   )   19 省 (   )

[20~26] 다음 밑줄 친 漢字語(한자어)를 漢字(한자)로 쓰세요.

> **보기**
>
> 한자 ➡ 漢字

20 그 가수는 <u>고음</u>과 저음을 모두 잘 냅니다. ( )

21 팔이 부러져서 몇 달 동안 <u>고생</u>을 했습니다. ( )

22 <u>불행</u>이 닥쳐도 끝까지 포기하지 않았습니다. ( )

23 장군은 병사들에게 <u>출전</u> 명령을 내렸습니다. ( )

24 <u>실수</u>로 그만 친구의 공책에 물을 쏟았습니다. ( )

25 주민들은 홍수 피해 복구 <u>작업</u>에 나섰습니다. ( )

26 우리 팀이 상대 팀에 10점 차의 <u>대승</u>을 거두었습니다. ( )

[27~29] 다음 漢字(한자)와 뜻이 상대 또는 반대되는 것을 보기에서 찾아 그 번호를 쓰세요.

> **보기**
>
> ① 樂 　　　② 和 　　　③ 下

27 苦 ↔ ( ) 　　　28 高 ↔ ( )

29 戰 ↔ ( )

[30~32] 다음 뜻에 맞는 漢字語(한자어)를 보기에서 찾아 그 번호를 쓰세요.

> **보기**
>
> ① 成長 　　② 勝利 　　③ 失禮 　　④ 自省

30 말이나 행동이 예의에 벗어남. ( )

31 사람이나 동식물 등이 자라서 점점 커짐. ( )

32 자기 자신의 태도나 행동을 스스로 반성함. ( )

[33~34] 다음 사자성어의 빈칸에 알맞은 漢字(한자)를 보기에서 찾아 그 번호를 쓰세요.

보기

① 利   ② 運   ③ 幸   ④ 成

33 千萬多(   ): 어떤 일이 뜻밖에 잘 풀려 몹시 좋음을 이르는 말.

34 門前(   )市: 찾아오는 사람이 많아 집 문 앞이 시장을 이루다시피 함을 이르는 말.

[35~36] 다음 漢字(한자)와 音(음: 소리)은 같으나 訓(훈: 뜻)이 다른 것을 보기에서 찾아 그 번호를 쓰세요.

보기

① 用   ② 古   ③ 里   ④ 花

35 苦 (   )   **36** 勇 (   )

[37~38] 다음 漢字語(한자어)의 뜻을 풀이하세요.

37 休戰: (   )

38 多勝: (   )

[39~40] 다음 漢字(한자)의 진하게 표시한 획은 몇 번째 쓰는지 보기에서 찾아 그 번호를 쓰세요.

보기

① 첫 번째   ② 두 번째   ③ 세 번째   ④ 네 번째

⑤ 다섯 번째   ⑥ 여섯 번째   ⑦ 일곱 번째   ⑧ 여덟 번째

39 成 (   )   **40** 苦 (   )

부수 穴	총 11획	쓰는 순서	丶 丶 宀 宀 空 空 空 空 窓 窓 窓

窓
창 창

집의 벽에 낸 창살이 있는 창문을 나타내요. '창'을 뜻해요.

窓	窓	窓
창 창	창 창	창 창

부수 衣	총 6획	쓰는 순서	丶 一 ナ 方 才 衣

衣
옷 의

유의자 服(옷 복)

옷깃이 있는 윗옷의 모양을 따라 만든 글자예요. '옷'을 뜻해요.

衣	衣	衣
옷 의	옷 의	옷 의

1 한자의 훈(뜻)과 음(소리)을 보기 에서 찾아 같은 색으로 칠하세요.

모양
확인

보기

창 창 ●　　　옷 의 ●　　　옷 복 ●　　　은 은 ●

●한자를 따라 쓰며 익혀요.

다시 보기 7급   食 밥 식   休 쉴 휴

부수 月	총 8획	쓰는 순서 ノ 刀 刀 月 月 肝 服 服

服
옷 복

유의자 衣(옷 의)

服	服	服
옷 복	옷 복	옷 복

몸을 보호하기 위해 옷을 입는 것을 나타내요. '옷', '복종하다'를 뜻해요.

부수 金	총 14획	쓰는 순서 ノ ノ ト ヒ 午 午 余 金 金 釘 釘 釘 鈤 銀 銀

銀
은 은

銀	銀	銀
은 은	은 은	은 은

희고 밝은 빛의 금속을 나타내요. '은'을 뜻해요.

---

2 한자어 카드의 빨간색 글자에 알맞은 한자를 찾아 선으로 이으세요.

훈·음
확인

하 의

몸의 아래쪽에 입는 옷.

 · 窓 ·

유 리 창

유리를 끼워 만든 창.

· 衣 ·

군 복

군인들이 입도록 정한 옷.

· 服 ·

· 銀 ·

은 색

반짝이는 은의 빛깔과 같은 색.

1 다음 한자의 훈(뜻)과 음(소리)을 쓰세요.

(1) 服 (　　　　　)

(2) 銀 (　　　　　)

(3) 衣 (　　　　　)

(4) 窓 (　　　　　)

2 다음 밑줄 친 말에 해당하는 한자를 보기에서 찾아 그 번호를 쓰세요.

보기
① 窓　　② 銀　　③ 衣　　④ 表　　⑤ 服

(1) 이 메달은 은으로 만든 것입니다. → (　　　　)

(2) 방 안이 추워서 창을 닫았습니다. → (　　　　)

(3) 오늘 날씨가 덥다고 해서 얇은 옷을 입고 외출했습니다. → (　　,　　)

3 다음 밑줄 친 한자어의 독음(읽는 소리)을 쓰세요.

(1) 아빠께서 洋銀 냄비에 라면을 끓여 주셨습니다. (　　　)

(2) 날씨가 추워서 內服을 입었더니 아주 따뜻합니다. (　　　)

(3) 옷, 음식, 집과 같은 衣食住는 사람이 살아가는 데 기본적으로 필요한 것입니다. (　　　)

4 다음 문장에 어울리는 한자어가 되도록 알맞은 한자를 보기에서 찾아 그 번호를 쓰세요.

보기

① 服   ② 銀   ③ 衣   ④ 窓

(1) 차에 달려 있는 창문은 車☐   → (   )

(2) 금과 은을 아울러 이르는 말은 金☐   → (   )

(3) 학교에서 학생들이 입도록 정한 옷은 校☐   → (   )

5 다음 한자의 진하게 표시한 획은 몇 번째 쓰는지 보기에서 찾아 그 번호를 쓰세요.

보기

① 첫 번째   ② 두 번째   ③ 세 번째   ④ 네 번째
⑤ 다섯 번째   ⑥ 여섯 번째   ⑦ 일곱 번째   ⑧ 여덟 번째

(1) 衣 (   )   (2) 服 (   )

한자어 활용

6 다음 글에서 한자어의 독음(읽는 소리)을 쓰세요.

韓服(☐☐)은 우리 민족 고유의 衣裳(☐상)이에요. 직선과 곡선이 잘 어우러져 선이 아름다운 옷이에요. 또한, 품이 넉넉하여 몸을 꽉 조이지 않아 건강에 좋아요. 요즘은 특별한 날에는 전통 한복을 입고, 평상시에는 생활한복을 즐겨 입어요.

한자 익히기

| 부수 ++(艸) | 총 19획 | 쓰는 순서 一 十 十 ++ ++ 节 芍 芍 芍 苕 茴 茴 茶 茶 茶 茶 薬 薬 薬 |

藥
약 약

藥	藥	藥
약 약	약 약	약 약

약을 만드는 약초를 나타내요. '약'을 뜻해요.

| 부수 疒 | 총 10획 | 쓰는 순서 ` 一 广 广 疒 疒 疒 病 病 病 |

病
병 병

病	病	病
병 병	병 병	병 병

병상에 누워서 힘들어하는 사람을 나타내요. '병'을 뜻해요.

1 한자의 훈(뜻)과 음(소리)으로 바른 것을 따라가 선으로 이으세요.

모양
확인

부수 酉	총 18획	쓰는 순서	一 丆 丆 匸 手 丟 医 医 殴 殴 殴 殹 殹 殹 醫 醫 醫

醫
의원 의

다친 환자를 치료하는 모습을 나타낸 글자예요. '의원', '의사', '의학'을 뜻해요.

醫	醫	醫
의원 의	의원 의	의원 의

부수 氵(水)	총 8획	쓰는 순서	丶 丶 氵 氵 汋 沪 油 油

油
기름 유

등잔에 불을 밝히기 위해 필요한 액체를 나타내요. '기름'을 뜻해요.

油	油	油
기름 유	기름 유	기름 유

2

훈·음 확인

한자어의 빨간색 글자에 알맞은 한자를 **보기**에서 찾아 그 번호를 쓰세요.

보기

❶ 醫 ❷ 病 ❸ 油 ❹ 藥

병 자

병에 걸려 아픈 상태에 있는 사람.

(   )

석 유

주로 자동차나 공장의 연료로 쓰는 검은색의 기름.

(   )

약 수

마시거나 몸을 담그면 약의 효과가 있는 샘물.

(   )

명 의

병을 잘 고쳐 이름난 의사.

(   )

실력 기르기

1 다음 한자의 훈(뜻)과 음(소리)을 쓰세요.

(1) 醫 ( )

(2) 油 ( )

(3) 病 ( )

(4) 藥 ( )

2 다음 밑줄 친 말에 해당하는 한자를 보기에서 찾아 그 번호를 쓰세요.

보기
① 藥 ② 醫 ③ 油 ④ 病 ⑤ 市

(1) 무릎에 난 상처에 약을 발랐습니다. → ( )

(2) 수술을 받으면 병이 나을 수 있습니다. → ( )

(3) 차에 기름을 넣으러 주유소에 갔습니다. → ( )

(4) 배탈이 심하게 나서 의원에 다녀왔습니다. → ( )

3 다음 밑줄 친 한자어의 독음(읽는 소리)을 쓰세요.

(1) 기침이 나고 열이 나서 **感氣藥**을 먹었습니다. ( )

(2) 병원에 입원한 친구에게 **問病**을 가는 중입니다. ( )

(3) 현대에는 **醫術**이 발달하여 암을 치료할 수 있습니다. ( )

4 다음 문장에 어울리는 한자어가 되도록 알맞은 한자를 보기 에서 찾아 그 번호를 쓰세요.

보기
| ① 油 | ② 醫 | ③ 藥 | ④ 病 |

(1) 약으로 쓰는 풀은 ☐ 草 → (   )

(2) 병원에 입원한 환자가 지내는 방은 ☐ 室 → (   )

(3) 음식을 만드는 데 사용하는 기름은 食用 ☐ → (   )

5 다음 한자의 진하게 표시한 획은 몇 번째 쓰는지 보기 에서 찾아 그 번호를 쓰세요.

보기
| ① 첫 번째 | ② 두 번째 | ③ 세 번째 | ④ 네 번째 |
| ⑤ 다섯 번째 | ⑥ 일곱 번째 | ⑦ 여덟 번째 | ⑧ 열 번째 |

(1) 病 (   )   (2) 油 (   )

한자어 활용
6 다음 글에서 한자어의 독음(읽는 소리)을 쓰세요.

　　醫學(☐ ☐)에서는 건강한 사람은 *病菌(☐ 균)을 없애는 능력이 있지만, 건강하지 못한 사람은 병균을 이기지 못해 *疾病(질 ☐)에 걸리는 것으로 보아요. 깨끗한 환경을 유지하고, 규칙적으로 운동하고, 신체를 청결히 하면 질병을 예방할 수 있어요. 또 적절한 시기마다 알맞은 藥物(☐ ☐)이 들어간 예방 주사를 맞는 것도 중요해요.

＊병균: 병의 원인이 되는 균.
＊질병: 몸의 온갖 병.

부수 攵(攴)	총 8획	쓰는 순서	` ㅡ ㅎ 方 方 放 放 放

放
놓을 방

나쁜 짓을 한 사람을 회초리로 쳐서 먼 곳으로 내쫓는 것을 나타내요. '놓다', '내쫓다'를 뜻해요.

放	放	放
놓을 방	놓을 방	놓을 방

부수 氵(水)	총 8획	쓰는 순서	` ` 氵 氵 汀 汁 注 注

注
부을 주

물을 다른 곳으로 옮기는 것을 나타내요. '붓다'를 뜻해요.

注	注	注
부을 주	부을 주	부을 주

1 한자의 훈(뜻)과 음(소리)을 바르게 쓴 것을 모두 찾아 ○표 하세요.

모양 확인

放 — 부릴 사

開 — 열 개

注 — 부을 주

開 — 부을 주

放 — 놓을 방

使 — 하여금 사

● 한자를 따라 쓰며 익혀요.

부수 門	총 12획	쓰는 순서 丨 冂 冂 冃 冃 門 門 門 門 門 閂 閂 開 開

開
열 개

開 / 열 개   開 / 열 개   開 / 열 개

두 손으로 빗장을 들어 올려 문을 여는 모습을 나타낸 글자예요. '열다'를 뜻해요.

부수 亻(人)	총 8획	쓰는 순서 丿 亻 亻 仁 仨 仨 使 使

使
하여금 / 부릴 사

使 / 하여금 사   使 / 하여금 사   使 / 하여금 사

윗사람이 아래 관리에게 일을 시키는 것을 나타내요. '부리다'를 뜻해요.

2. 그림이 나타내는 한자어에 들어간 한자를 찾아 ○표 하세요.

훈·음 확인

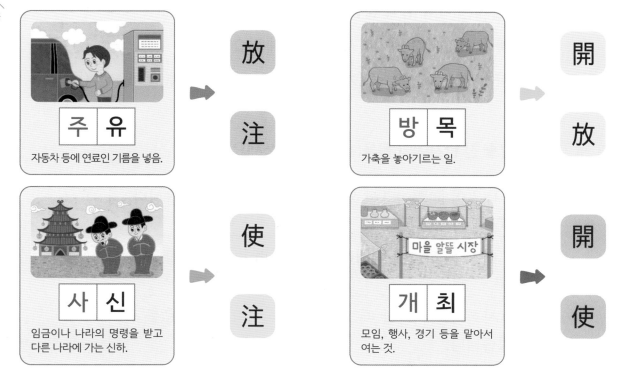

주 유
자동차 등에 연료인 기름을 넣음.

放
注

방 목
가축을 놓아기르는 일.

開
放

사 신
임금이나 나라의 명령을 받고 다른 나라에 가는 신하.

使
注

개 최
모임, 행사, 경기 등을 맡아서 여는 것.

開
使

1 다음 한자의 훈(뜻)과 음(소리)을 쓰세요.

(1) 放 ( )

(2) 使 ( )

(3) 開 ( )

(4) 注 ( )

2 다음 밑줄 친 말에 해당하는 한자를 보기에서 찾아 그 번호를 쓰세요.

보기
① 注   ② 開   ③ 信   ④ 放   ⑤ 使

(1) 찌개에 물을 많이 부어 맛이 싱겁습니다.   → ( )

(2) 그 가게는 아침 일찍 문을 열고 일찍 닫습니다.   → ( )

(3) 오빠는 이것저것 시키면서 나를 부려 먹습니다.   → ( )

(4) 아버지께서는 잡은 물고기를 다시 놓아 주셨습니다.   → ( )

3 다음 밑줄 친 한자어의 독음(읽는 소리)을 쓰세요.

(1) 내일이 **開學**이라서 오늘 학교 갈 준비로 바빴습니다.   ( )

(2) 내 짝은 하늘에서 내려온 **天使**처럼 마음이 착합니다.   ( )

(3) 사회자는 시작할 때 노래를 불러 사람들의 **注意**를 끌었습니다.   ( )

4 다음 문장에 어울리는 한자어가 되도록 알맞은 한자를 보기에서 찾아 그 번호를 쓰세요.

보기

① 使　　　② 放　　　③ 開　　　④ 注

(1) 흘러 들어가도록 부어 넣는 것은 ☐入　　　→ (　　　　　)

(2) 조심하지 않고 마음을 놓아 버리는 것은 ☐心　　　→ (　　　　　)

(3) 어떤 장소를 이용할 수 있도록 여는 것은 ☐場　　　→ (　　　　　)

5 다음 한자의 진하게 표시한 획은 몇 번째 쓰는지 보기에서 찾아 그 번호를 쓰세요.

보기

① 두 번째　　　② 세 번째　　　③ 네 번째　　　④ 다섯 번째

⑤ 일곱 번째　　　⑥ 여덟 번째　　　⑦ 열한 번째　　　⑧ 열두 번째

(1) 放 (　　　　　)　　　(2) 開 (　　　　　)

한자어 활용

6 다음 글에서 한자어의 독음(읽는 소리)을 쓰세요.

　　숭례문은 우리나라 성문 중에서 가장 규모가 크고 아름다운 목조 건축물로, 국보로 지정되어 있어요. 2008년에 한 남성이 숭례문에 放火(☐☐)를 저질러 많은 부분이 불에 타 무너졌어요. 오랜 복구 작업을 거쳐 2013년에 숭례문의 새로운 모습이 公開(☐☐)되었어요.

부수 又	총 4획	쓰는 순서 ˉ 厂 厂 反 反

反
돌이킬 /
돌아올 반

물건을 손으로 뒤집는 것을 나타내요.
'돌이키다', '돌아오다'를 뜻해요.

反	反	反
돌이킬 반	돌이킬 반	돌이킬 반

부수 氵(水)	총 10획	쓰는 순서 ˋ ˋ 氵 氵 氵 氵 汁 消 消 消

消
사라질 소

반대자 現(나타날 현)

물이 점점 수증기로 변하여 사라지는
것을 나타내요. '사라지다'를 뜻해요.

消	消	消
사라질 소	사라질 소	사라질 소

1 그림에 있는 한자의 개수를 세어 쓰세요.

모양 확인

• 돌이킬 반: (　　)개　　• 사라질 소: (　　)개　　• 마실 음: (　　)개

부수 飠(食)	총 13획	쓰는 순서 `丿 人 ケ ケ 今 今 今 食 食 食 飮 飮 飮`

飮
마실 음

입을 크게 벌리고 음식을 먹는 모습을 나타낸 글자예요. '마시다'를 뜻해요.

飮	飮	飮
마실 음	마실 음	마실 음

한자의 모양과 훈·음을 익혀요.

2. 한자어 카드의 빨간색 글자에 알맞은 한자를 찾아 선으로 이으세요.

훈·음 확인

소 **화** 기

불을 끄는 기구.

반 대

두 가지가 모양, 방향, 성질 같은 것이 서로 완전히 다름.

음 료

사람이 마실 수 있도록 만든 액체.

反　　　消　　　飮

1 다음 한자의 훈(뜻)과 음(소리)을 쓰세요.

(1) 消 ( )

(2) 飮 ( )

(3) 反 ( )

2 다음 밑줄 친 말에 해당하는 한자를 보기에서 찾아 그 번호를 쓰세요.

보기

① 飮　　② 半　　③ 消　　④ 少　　⑤ 反

(1) 목이 말라서 물을 마셨습니다. → ( )

(2) 약을 먹었더니 머리 아픈 것이 사라졌습니다. → ( )

(3) 한 해를 돌이켜 보니 후회되는 일이 많습니다. → ( )

3 다음 밑줄 친 한자어의 독음(읽는 소리)을 쓰세요.

(1) 동생은 공부는 잘하는 反面에 운동은 못합니다. ( )

(2) 다행히 불은 20분 이내로 모두 消火되었습니다. ( )

(3) 엄마는 이가 아픈 아들에게 米飮을 끓여 주었습니다. ( )

4 다음 문장에 어울리는 한자어가 되도록 알맞은 한자를 보기 에서 찾아 그 번호를 쓰세요.

> **보기**
>
> ① 反   ② 消   ③ 飮

(1) 사라져 없어지거나 잃어버리는 것은 ☐失   ➡ (   )

(2) 사람이 먹고 마시는 것을 이르는 말은 ☐食   ➡ (   )

(3) 자신의 말과 행동을 돌이켜 보면서 잘못을 살피는 것은 ☐省

                                             ➡ (   )

5 다음 한자의 진하게 표시한 획은 몇 번째 쓰는지 보기 에서 찾아 그 번호를 쓰세요.

> **보기**
>
> ① 첫 번째   ② 두 번째   ③ 세 번째   ④ 네 번째
> ⑤ 여섯 번째   ⑥ 일곱 번째   ⑦ 아홉 번째   ⑧ 열 번째

(1) 反 (   )   (2) 消 (   )

한자어 활용

6 다음 글에서 한자어의 독음(읽는 소리)을 쓰세요.

> 똥은 우리가 먹은 **飮食物**(☐☐☐)의 찌꺼기예요. 음식물이 똥이 되어 나오려면 몸속에서 **消化**(☐화) 과정을 거쳐야 해요. 입, 식도, 위, 십이지장, 작은창자, 큰창자를 지나면서 음식물에 들어 있던 영양소가 흡수되고 남은 찌꺼기는 똥이 되어 몸 밖으로 나와요.

정리하기

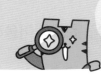

○ 다음 그림을 보고, 빈칸에 알맞은 한자를 보기 에서 찾아 쓰세요.

───── 보기 ─────

開 衣 放 消 銀 注 反 油 使 服 飲 藥 醫 窓 病

❶ 열어[　] 놓은 창[　]으로 바람이 들어와요.

❷ 아낙은 의원에게 무슨 병[　]인지 물어보았어요.

❸ 의원[　]은 손에서 침을 놓고[　] 아낙에게 말했어요.

❹ 의원은 아낙이 무엇을 먹었는지 돌이켜[　] 생각해 보게 했어요.

❺ 의원이 아낙에게 준 마실[　] 약[　]이 놓여 있어요.

❻ 등잔의 기름[　]이 다 타서 불꽃이 사라져[　] 버렸어요.

❼ 의원은 일꾼을 부려서[　] 등잔에 기름을 붓게[　] 했어요.

❽ 아낙은 은[　]비녀를 꽂고 옷[　 , 　]을 곱게 차려입었어요.

[1~8] 다음 밑줄 친 말에 해당하는 漢字語(한자어)의 讀音(독음: 읽는 소리)을 쓰세요.

보기

漢字 ➡ 한자

1 운동을 하고 나면 열이 몸 밖으로 **放出**됩니다.   (   )

2 화재로 귀중한 문화재 일부가 **消失**되었습니다.   (   )

3 부모님의 동의를 얻고 휴대폰을 **開通**했습니다.   (   )

4 중학교에 입학한 형은 **校服**을 입고 등교합니다.   (   )

5 그는 자신이 저지른 잘못을 깊이 **反省**했습니다.   (   )

6 우리나라는 **石油**가 나지 않아 수입하고 있습니다.   (   )

7 날씨가 무더워지면서 에어컨 **使用**이 증가했습니다.   (   )

8 『동의보감』이라는 의학 책을 지은 허준은 조선 시대의 **名醫**입니다.

    (   )

[9~20] 다음 漢字(한자)의 訓(훈: 뜻)과 音(음: 소리)을 쓰세요.

보기

字 ➡ 글자 자

9 服 (   )   10 窓 (   )

11 放 (   )   12 銀 (   )

13 飮 (   )   14 藥 (   )

15 病 (   )   16 開 (   )

17 醫 (   )   18 注 (   )

19 使 (   )   20 衣 (   )

[21~27] 다음 밑줄 친 漢字語(한자어)를 漢字(한자)로 쓰세요.

> 보기
>
> 한자 → 漢字

21 한겨울에 내의를 입으면 덜 춥습니다.   (   )

22 미세먼지가 심해서 창문을 닫았습니다.   (   )

23 할아버지께서는 산에서 약수를 떠 오십니다.   (   )

24 아빠는 자동차에 주유를 하러 나가셨습니다.   (   )

25 수술을 마친 동생은 일반 병실로 옮겨졌습니다.   (   )

26 내일이 개학이라서 학교에 갈 준비를 했습니다.   (   )

27 엄마께서 쌀을 불려 미음을 끓여 주셔서 먹었습니다.   (   )

[28] 다음 漢字(한자)와 뜻이 같거나 비슷한 것을 보기에서 찾아 그 번호를 쓰세요.

> 보기
>
> ① 現   ② 死   ③ 服

28 衣 — (   )

[29~31] 다음 뜻에 맞는 漢字語(한자어)를 보기에서 찾아 그 번호를 쓰세요.

> 보기
>
> ① 飮食   ② 醫術   ③ 問病   ④ 病席

29 병자가 앓아누워 있는 자리.   (   )

30 사람이 먹고 마시는 것을 이르는 말.   (   )

31 병이나 상처를 고치는 기술. 또는 의학에 관련되는 기술.   (   )

[32~33] 다음 사자성어의 빈칸에 알맞은 漢字(한자)를 보기에서 찾아 그 번호를 쓰세요.

보기
① 衣　　　　② 窓　　　　③ 病　　　　④ 開

32 生老(　　　　　　)死: 사람이 태어나고 늙고 병들고 죽는 일.

33 白(　　　　　　)民族: 흰옷을 입은 민족이라는 뜻으로, '한민족'을 이르는 말.

[34~36] 다음 漢字(한자)와 음(음: 소리)은 같으나 訓(훈: 뜻)이 다른 것을 보기에서 찾아 그 번호를 쓰세요.

보기
① 有　　　　② 住　　　　③ 草　　　　④ 弱

34 注 (　　　　　)　　　　35 藥 (　　　　　　)

36 油 (　　　　　)

[37~38] 다음 한자어(漢字語)의 뜻을 풀이하세요.

37 死藥: (　　　　　　　　　　　　　　　　　　　　　　)

38 下衣: (　　　　　　　　　　　　　　　　　　　　　　)

[39~40] 다음 漢字(한자)의 진하게 표시한 획은 몇 번째 쓰는지 보기에서 찾아 그 번호를 쓰세요.

보기
① 첫 번째　　② 세 번째　　③ 네 번째　　④ 여섯 번째
⑤ 일곱 번째　　⑥ 아홉 번째　　⑦ 열 번째　　⑧ 열두 번째

39 開 (　　　　　)　　　　40 病 (　　　　　)

한자 익히기

부수 宀	총 8획	쓰는 순서 ` 丶 丶 宀 宀 宁 宇 定 定

定
정할 정

집 안의 물건을 정돈할 자리를 정한 것을 나타내요. '정하다'를 뜻해요.

定	定	定
정할 정	정할 정	정할 정

부수 行	총 6획	쓰는 순서 ` ⺅ ⺅ ⾏ ⾏ 行

行
다닐 행
항렬 항

사람들이 지나다니는 사거리를 나타내요. '다니다', '행하다'를 뜻해요.

行	行	行
다닐 행	다닐 행	다닐 행

1 훈(뜻)과 음(소리)에 맞는 한자를 찾아 선으로 이으세요.

모양 확인

정할 정 · 다닐 행 · 있을 재 · 기다릴 대 ·

待 定 在 行

● 한자를 따라 쓰며 익혀요.

植 심을 식　來 올 래　入 들 입

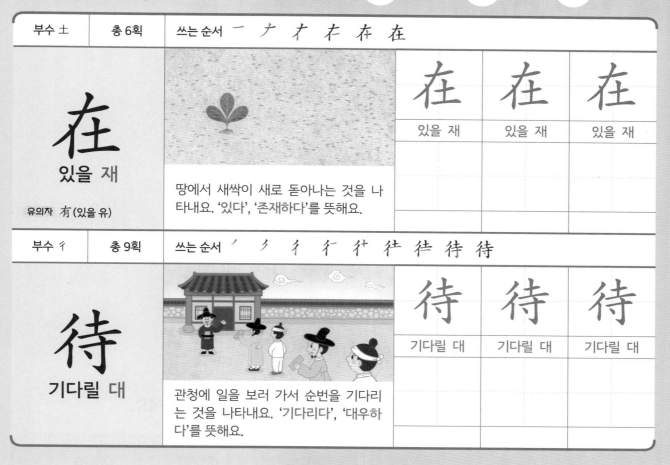

부수 土	총 6획	쓰는 순서 一 ナ 才 才 在 在

在
있을 재

유의자 有 (있을 유)

땅에서 새싹이 새로 돋아나는 것을 나타내요. '있다', '존재하다'를 뜻해요.

在	在	在
있을 재	있을 재	있을 재

부수 彳	총 9획	쓰는 순서 ノ ク 彳 彳 彳 往 往 待 待

待
기다릴 대

관청에 일을 보러 가서 순번을 기다리는 것을 나타내요. '기다리다', '대우하다'를 뜻해요.

待	待	待
기다릴 대	기다릴 대	기다릴 대

2 한자와 관련 있는 한자어 카드를 찾아 그 번호를 쓰세요.

훈·음
확인

❶

재 래 시 장

예전부터 있어 온 시장.

❷

여 행

집을 떠나 다른 지역이나 외국을 다니는 일.

❸

대 피

위험을 피하여 안전한 곳으로 가서 기다리는 일.

❹

정 가

상품에 정해 놓은 물건값.

(1) 定: (　　　　　) (2) 待: (　　　　　) (3) 行: (　　　　　) (4) 在: (　　　　　)

1 다음 한자의 훈(뜻)과 음(소리)을 쓰세요.

(1) 在 ( )

(2) 行 ( )

(3) 定 ( )

(4) 待 ( )

2 다음 밑줄 친 말에 해당하는 한자를 보기에서 찾아 그 번호를 쓰세요.

보기

① 行   ② 在   ③ 左   ④ 定   ⑤ 待

(1) 소풍날만을 손꼽아 기다렸습니다.   → ( )

(2) 비가 와서 하루 종일 집에 있었습니다.   → ( )

(3) 휴대폰을 보면서 길을 다니면 위험합니다.   → ( )

(4) 어떤 노래를 부를지 아직 정하지 못했습니다.   → ( )

3 다음 밑줄 친 한자어의 독음(읽는 소리)을 쓰세요.

(1) 계속 오르던 과일 가격이 **安定**되었습니다.   ( )

(2) 내가 타려는 버스는 10분 간격으로 **運行**됩니다.   ( )

(3) 오늘은 우리가 **苦待**하던 가족 여행을 가는 날입니다.   ( )

4 다음 문장에 어울리는 한자어가 되도록 알맞은 한자를 보기에서 찾아 그 번호를 쓰세요.

┌─────────────────── 보기 ───────────────────┐
│   ① 行   ② 待   ③ 定   ④ 在   │
└───┘

(1) 정해진 때나 시간은 ☐時   → (   )

(2) 어떤 곳을 지나다니는 것은 通☐   → (   )

(3) 학생이 학교에 속해 있는 것은 ☐學   → (   )

5 다음 한자의 진하게 표시한 획은 몇 번째 쓰는지 보기에서 찾아 그 번호를 쓰세요.

┌─────────────────────── 보기 ───────────────────────┐
│ ① 첫 번째   ② 두 번째   ③ 세 번째   ④ 네 번째   │
│ ⑤ 여섯 번째 ⑥ 일곱 번째 ⑦ 여덟 번째 ⑧ 아홉 번째 │
└───┘

(1) 在 (   )   (2) 待 (   )

한자어 활용

6 다음 글에서 한자어의 독음(읽는 소리)을 쓰세요.

> 지구는 태양의 주위를 도는 세 번째 行星(☐ 성)이자 우리가 살고
> 있는 *천체예요. 액체 상태의 물이 풍부하고, 온도도 적당해 생명체가 存
> 在(존 ☐)하기에 적절한 환경이 갖추어져 있어요.
>
> * 천체: 우주에 존재하는 모든 물체.

부수 氵(水)	총 11획	쓰는 순서 ` 丶 氵 氵 氵 清 清 清 清 清

淸
맑을 청

푸를 정도로 맑은 강물을 나타내요. '맑다', '깨끗하다'를 뜻해요.

淸	淸	淸
맑을 청	맑을 청	맑을 청

부수 氵(水)	총 13획	쓰는 순서 ` 丶 氵 氵 氵 汩 汩 汩 汩 淵 溫 溫 溫

溫
따뜻할 온

따뜻한 물에 몸을 담근 모습을 나타낸 글자예요. '따뜻하다', '데우다'를 뜻해요.

溫	溫	溫
따뜻할 온	따뜻할 온	따뜻할 온

1 모양 확인

사다리를 타고 내려가 훈(뜻)과 음(소리)에 맞는 한자를 보기 에서 찾아 그 번호를 쓰세요.

보기

❶ 太   ❷ 淸   ❸ 溫   ❹ 別

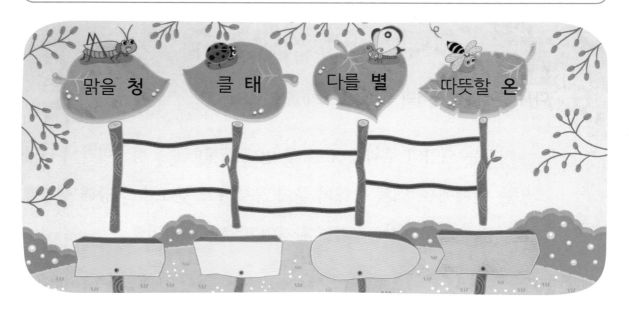

맑을 청   클 태   다를 별   따뜻할 온

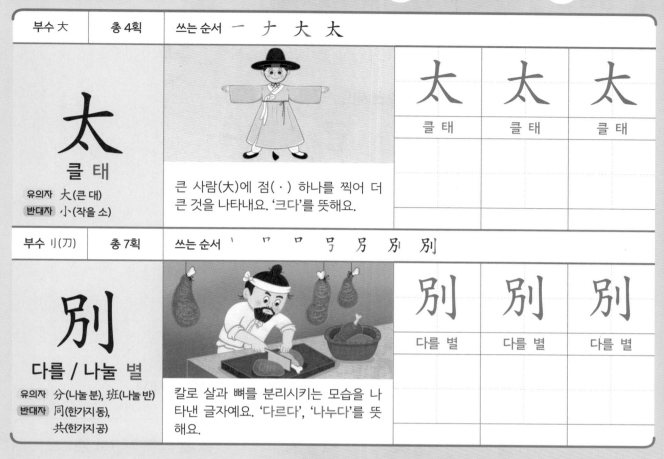

부수 大	총 4획	쓰는 순서 一 ナ 大 太			

太
클 태
유의자 大(큰 대)
반대자 小(작을 소)

큰 사람(大)에 점(·) 하나를 찍어 더 큰 것을 나타내요. '크다'를 뜻해요.

太	太	太
클 태	클 태	클 태

부수 刂(刀)	총 7획	쓰는 순서 丶 口 口 另 另 別 別			

別
다를 / 나눌 별
유의자 分(나눌 분), 班(나눌 반)
반대자 同(한가지 동), 共(한가지 공)

칼로 살과 뼈를 분리시키는 모습을 나타낸 글자예요. '다르다', '나누다'를 뜻해요.

別	別	別
다를 별	다를 별	다를 별

2 그림이 나타내는 한자어에 공통으로 들어간 한자를 찾아 ○표 하세요.

훈·음
확인

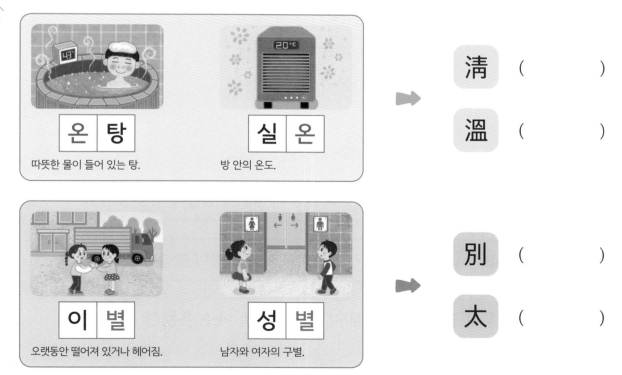

온 탕
따뜻한 물이 들어 있는 탕.

실 온
방 안의 온도.

➡ 清 ( )
溫 ( )

이 별
오랫동안 떨어져 있거나 헤어짐.

성 별
남자와 여자의 구별.

➡ 別 ( )
太 ( )

실력 기르기

1 다음 한자의 훈(뜻)과 음(소리)을 쓰세요.

(1) 溫   (   )

(2) 淸   (   )

(3) 別   (   )

(4) 太   (   )

2 다음 밑줄 친 말에 해당하는 한자를 보기 에서 찾아 그 번호를 쓰세요.

보기

① 淸   ② 太   ③ 別   ④ 溫   ⑤ 油

(1) 봄이 되니까 날씨가 <u>따뜻</u>합니다.   → (   )

(2) <u>크고</u> 붉은 태양이 바다 위에 떠 있습니다.   → (   )

(3) 같은 형제라도 생김새가 조금씩 <u>다릅니다</u>.   → (   )

(4) 숲속의 공기가 <u>맑아서</u> 기분이 상쾌합니다.   → (   )

3 다음 밑줄 친 한자어의 독음(읽는 소리)을 쓰세요.

(1) 오늘 낮 <u>氣溫</u>이 어제보다 5도 이상 오르겠습니다.   (   )

(2) 요즘 날씨가 <u>淸明</u>해서 나들이를 가는 사람이 많습니다.   (   )

(3) 우리 둘은 유치원 때부터 알고 지낸 아주 <u>各別</u>한 사이입니다.   (   )

4 다음 문장에 어울리는 한자어가 되도록 알맞은 한자를 보기에서 찾아 그 번호를 쓰세요.

보기
① 太 ② 溫 ③ 清 ④ 別

(1) 따뜻한 물은 ☐水 → (   )

(2) 세계에서 가장 큰 바다는 ☐平洋 → (   )

(3) 본래의 이름과는 다르게 특징을 나타내도록 지어 부르는 이름은 ☐名 → (   )

5 다음 한자의 진하게 표시한 획은 몇 번째 쓰는지 보기에서 찾아 그 번호를 쓰세요.

보기
① 첫 번째 ② 세 번째 ③ 다섯 번째 ④ 여섯 번째
⑤ 여덟 번째 ⑥ 열 번째 ⑦ 열두 번째 ⑧ 열세 번째

(1) 溫 (   ) (2) 清 (   )

한자어 활용
6 다음 글에서 한자어의 독음(읽는 소리)을 쓰세요.

불가사리는 한 번에 200~300만 개 정도의 알을 낳아요. 불가사리의 새끼는 水溫(☐☐)이 알맞고 먹이가 풍부한 곳을 찾을 때까지 바다를 떠다니며 살아요. 못 먹는 것이 없을 정도로 먹성이 좋은 불가사리는 清淨(☐정)하지 않은 바다에서도 잘 살아남아요.

한자 익히기

부수 心	총 9획	쓰는 순서 ´ ´ ´ ´ ´ 气 急 急 急

急 급할 급 유의자 速(빠를 속)	사람을 붙잡으려고 조급하게 따라가는 초조한 마음을 나타내요. '급하다'를 뜻해요.	急 급할 급	急 급할 급	急 급할 급

부수 辶(辵)	총 11획	쓰는 순서 ˉ ˊ ˊ ˊ 币 申 束 束 涑 涑 速

速 빠를 속 유의자 急(급할 급)	나뭇단을 단단히 묶듯이 채비를 단단히 갖추고 재빠르게 가는 모습을 나타낸 글자예요. '빠르다'를 뜻해요.	速 빠를 속	速 빠를 속	速 빠를 속

1 풋말에 쓴 한자의 훈(뜻)과 음(소리)을 바르게 말한 채소를 모두 찾아 ○표 하세요.

모양
확인

❶ 가까울 근 ❷ 빠를 속 ❸ 급할 급 ❹ 멀 원

❶ 近 ❷ 遠 ❸ 急 ❹ 速

● 한자를 따라 쓰며 익혀요.

다시 보기 7급 動 움직일 동　 直 곧을 직

부수 辶(辵)	총 14획	쓰는 순서 一 十 土 圥 吉 告 寺 寺 袁 袁 袁 遠 遠 遠

遠
멀 원
반대자 近(가까울 근)

옷자락이 긴 옷을 입고 먼 길을 가는 모습을 나타낸 글자예요. '멀다'를 뜻해요.

遠	遠	遠
멀 원	멀 원	멀 원

부수 辶(辵)	총 8획	쓰는 순서 ´ ノ ∠ ┌ 斤 斤 近 近

近
가까울 근
반대자 遠(멀 원)

도끼(斤)를 들고 가까운 곳으로 나무를 하러 가는 모습을 나타낸 글자예요. '가깝다'를 뜻해요.

近	近	近
가까울 근	가까울 근	가까울 근

2 그림이 나타내는 한자어를 찾아 V표 하세요.

훈·음 확인

☐ **近처**
가까운 곳.

☐ **위急**
몹시 위태롭고 급함.

☐ **近시**
가까운 데는 잘 보아도 먼 데는 잘 보지 못하는 시력.

☐ **急류**
물이 빠른 속도로 흐름.

☐ **과速**
자동차 등이 정해진 속도보다 지나치게 빠르게 달림.

☐ **영遠**
언제까지나 변하지 않음.

☐ **풍速**
바람의 속도.

☐ **遠격**
멀리 떨어져 있음.

1 다음 한자의 훈(뜻)과 음(소리)을 쓰세요.

(1) 遠 (   )

(2) 急 (   )

(3) 近 (   )

(4) 速 (   )

2 다음 밑줄 친 말에 해당하는 한자를 보기 에서 찾아 그 번호를 쓰세요.

보기

① 遠   ② 近   ③ 急   ④ 注   ⑤ 速

(1) 고속 열차가 <u>빠르게</u> 달립니다.   → (   )

(2) 도서관이 너무 <u>멀어서</u> 버스를 탔습니다.   → (   )

(3) 집과 <u>가까운</u> 곳에 마트가 있어 편리합니다.   → (   )

(4) 경사가 <u>급한</u> 곳에서 자전거를 타다 다쳤습니다.   → (   )

3 다음 밑줄 친 한자어의 독음(읽는 소리)을 쓰세요.

(1) 저는 동물 중에서 개가 가장 **親近**하게 느껴집니다.   (   )

(2) 길이 미끄러워서 차들이 느린 **速度**로 천천히 갑니다.   (   )

(3) 길거리에서 한 여자가 **多急**한 목소리로 살려 달라고 소리칩니다.   (   )

4 다음 문장에 어울리는 한자어가 되도록 알맞은 한자를 보기에서 찾아 그 번호를 쓰세요.

보기

① 急   ② 遠   ③ 近   ④ 速

(1) 가까운 곳은 ☐方   → (   )

(2) 매우 빠른 속도는 高☐   → (   )

(3) 육지에서 멀리 떨어진 큰 바다는 ☐洋   → (   )

5 다음 한자의 진하게 표시한 획은 몇 번째 쓰는지 보기에서 찾아 그 번호를 쓰세요.

보기

① 첫 번째   ② 두 번째   ③ 다섯 번째   ④ 여섯 번째
⑤ 일곱 번째   ⑥ 열 번째   ⑦ 열두 번째   ⑧ 열네 번째

(1) 近 (   )   (2) 遠 (   )

한자어 활용

6 다음 글에서 한자어의 독음(읽는 소리)을 쓰세요.

풍경화를 생생하고 사실적으로 그리려면 어떻게 해야 할까요? 보는 사람의 시선에서 앞쪽 사물은 크게 그리고 뒤쪽 사물은 작게 그려요. 또한, 近距離(☐ 거 리)에 있는 사물은 선명하고 짙게, 遠距離(☐ 거 리)에 있는 사물은 희미하고 옅게 그리면 돼요.

부수 牜(牛)	총 10획	쓰는 순서	ノ 一 牛 牛 牛 牛 牜 牜 特 特

特
특별할 특

옛날에 관청에서 제사에 사용하기 위해 키우던 크고 힘센 소를 나타내요. '특별하다'를 뜻해요.

特	特	特
특별할 특	특별할 특	특별할 특

부수 木	총 15획	쓰는 순서	ノ ノ 自 自 白 自 紳 紳 綿 綿 綿 樂 樂 樂 樂

樂
즐길 락(낙)
노래 악
좋아할 요

반대자 苦(쓸 고)

나무 받침대 위에 북과 방울을 올려놓고 연주하며 즐기는 것을 나타내요. '즐기다', '노래', '좋아하다'를 뜻해요.

樂	樂	樂
즐길 락	즐길 락	즐길 락

1 한자의 훈(뜻)과 음(소리)을 찾아 선으로 이으세요.

모양
확인

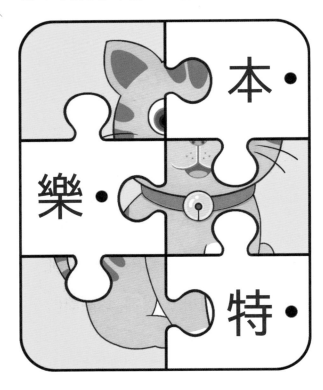

本 •

樂 •

特 •

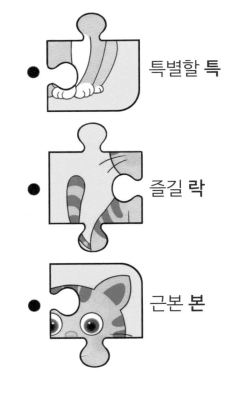

• 특별할 특

• 즐길 락

• 근본 본

● 한자를 따라 쓰며 익혀요.

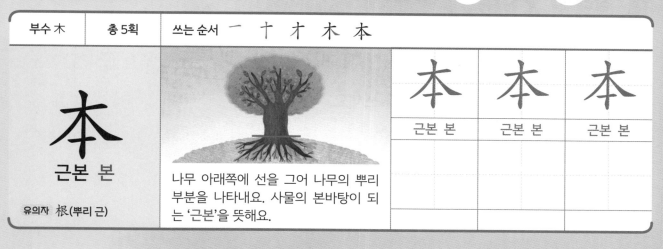

부수 木	총 5획	쓰는 순서 一 十 才 木 本

本
근본 본

유의자 根(뿌리 근)

나무 아래쪽에 선을 그어 나무의 뿌리 부분을 나타내요. 사물의 본바탕이 되는 '근본'을 뜻해요.

本	本	本
근본 본	근본 본	근본 본

한자의 모양과 훈·음을 익혀요.

2 한자와 관련 있는 그림을 찾아 ∨표 하세요.

훈·음 확인

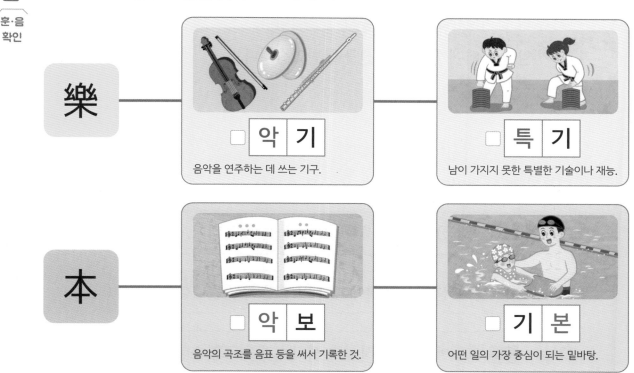

樂

□ 악 기
음악을 연주하는 데 쓰는 기구.

□ 특 기
남이 가지지 못한 특별한 기술이나 재능.

本

□ 악 보
음악의 곡조를 음표 등을 써서 기록한 것.

□ 기 본
어떤 일의 가장 중심이 되는 밑바탕.

실력 기르기

1 다음 한자의 훈(뜻)과 음(소리)을 쓰세요.

(1) 本 ( )

(2) 樂 ( )

(3) 特 ( )

2 다음 밑줄 친 말에 해당하는 한자를 보기 에서 찾아 그 번호를 쓰세요.

보기
① 木 　　② 本 　　③ 樂 　　④ 特 　　⑤ 藥

(1) 근본 원인을 알고 병을 치료합니다. → ( )

(2) 우리 할머니는 트로트를 즐겨 들으십니다. → ( )

(3) 생일날 아빠에게 특별한 선물을 받았습니다. → ( )

3 다음 밑줄 친 한자어의 독음(읽는 소리)을 쓰세요.

(1) 의사의 本分은 아픈 사람을 치료하는 것입니다. ( )

(2) 아이들이 신나는 音樂에 맞추어 춤을 추었습니다. ( )

(3) 特級 호텔에 걸맞게 시설과 서비스가 최고였습니다. ( )

4 다음 문장에 어울리는 한자어가 되도록 알맞은 한자를 보기에서 찾아 그 번호를 쓰세요.

보기		
① 樂	② 特	③ 本

(1) 어떤 것의 본바탕은 根 ☐   → (   )

(2) 특별히 마련한 좌석은 ☐ 席   → (   )

(3) 몸과 마음이 편안하고 즐거운 것은 安 ☐   → (   )

5 다음 한자의 진하게 표시한 획은 몇 번째 쓰는지 보기에서 찾아 그 번호를 쓰세요.

보기			
① 첫 번째	② 네 번째	③ 여섯 번째	④ 아홉 번째
⑤ 열 번째	⑥ 열한 번째	⑦ 열네 번째	⑧ 열다섯 번째

(1) 特 (   )   (2) 樂 (   )

한자어 활용

6 다음 글에서 한자어의 독음(읽는 소리)을 쓰세요.

판소리는 소리꾼 한 명이 북을 치는 고수의 장단에 맞추어 소리와 말, 몸짓을 섞어 이야기를 표현해요. 國樂(☐☐)에서 장단은 주로 장구로 연주하는데, 판소리는 북으로 연주한다는 特徵(☐ 징)이 있어요. 고수는 북을 치며 "얼씨구, 좋다."와 같은 추임새를 넣어 흥을 돋우기도 해요.

정리하기

주제별 한자를 그림과 함께 복습해요.

○ 다음 그림을 보고, 빈칸에 알맞은 한자를 보기 에서 찾아 쓰세요.

보기

遠 急 本 在 樂 待 清 特 別 行 定 溫 近 太 速

❶ 사람들이 옷을 따뜻하게[　] 입었어요.

❷ 역 가까운[　] 곳에서 구세군 종소리가 들려요.

❸ 사람들의 표정이 평소와 다르게[　] 밝아 보여요.

❹ 교통 문제가 근본[　]적으로 해결되었으면 좋겠어요.

❺ 하늘은 맑고[　], 거리에는 사람들이 많이 다녀요[　].

❻ 광장 앞에는 크고[　] 특별한[　] 모양의 트리가 있어요[　].

❼ 친구와 정한[　] 장소에서 노래[　]를 들으며 기다렸어요[　].

❽ 한 남자가 먼[　] 곳까지 급하고[　] 빠르게[　] 뛰어가고 있어요.

[1~7] 다음 밑줄 친 말에 해당하는 漢字語(한자어)의 讀音(독음: 읽는 소리)을 쓰세요.

> **보기**
>
> 漢字 → 한자

1 저는 초등학교 4학년에 **在學** 중입니다. ( )

2 **急速** 충전기라서 휴대폰이 빨리 충전됩니다. ( )

3 선생님께서 **溫和**한 말투로 설명해 주셨습니다. ( )

4 농부들은 뜨거운 **太陽** 아래서 열심히 일하십니다. ( )

5 아빠께서 내 생일에 **特別**한 음식을 만드셨습니다. ( )

6 **近來** 들어 문을 닫는 가게가 더 늘어나고 있습니다. ( )

7 편안하게 쉴 수 있는 우리 집이 저에게는 **樂園**입니다. ( )

[8~19] 다음 漢字(한자)의 訓(훈: 뜻)과 音(음: 소리)을 쓰세요.

> **보기**
>
> 字 → 글자 자

8 清 ( )   **9** 急 ( )

10 近 ( )   **11** 別 ( )

12 溫 ( )   **13** 特 ( )

14 在 ( )   **15** 本 ( )

16 定 ( )   **17** 待 ( )

18 遠 ( )   **19** 速 ( )

[20~26] 다음 밑줄 친 漢字語(한자어)를 漢字(한자)로 쓰세요.

보기

한자 ➜ 漢字

20 열차는 서울역에서 정시에 출발했습니다. ( )

21 기차를 놓칠까 봐 속력을 내어 달렸습니다. ( )

22 라디오에서 내가 좋아하는 음악이 흘러나옵니다. ( )

23 길을 몰라서 지나가는 행인에게 물어보았습니다. ( )

24 한겨울에도 온실에서 과일과 채소를 재배합니다. ( )

25 가수나 배우들은 본명 대신 예명을 쓰기도 합니다. ( )

26 우리 집 근방에 극장이 없어서 시내로 나갔습니다. ( )

[27~29] 다음 漢字(한자)와 뜻이 같거나 비슷한 것을 보기에서 찾아 그 번호를 쓰세요.

보기

① 速   ② 大   ③ 根

27 急 ― ( )   28 本 ― ( )

29 太 ― ( )

[30~32] 다음 뜻에 맞는 漢字語(한자어)를 보기에서 찾아 그 번호를 쓰세요.

보기

① 通行   ② 言行   ③ 苦待   ④ 火急

30 말과 행동. ( )

31 몹시 기다림. ( )

32 타오르는 불과 같이 매우 급함. ( )

[33~34] 다음 사자성어의 빈칸에 알맞은 漢字(한자)를 보기에서 찾아 그 번호를 쓰세요.

보기

① 遠　　　② 行　　　③ 淸　　　④ 樂

33 (　　　　　　)風明月: 맑은 바람과 밝은 달.

34 生死苦(　　　　　　): 삶과 죽음, 괴로움과 즐거움을 통틀어 이르는 말.

[35~36] 다음 漢字(한자)와 音(음: 소리)은 같으나 訓(훈: 뜻)이 다른 것을 보기에서 찾아 그 번호를 쓰세요.

보기

① 待　　　② 庭　　　③ 才　　　④ 太

35 在 (　　　　　　)　　　　　36 定 (　　　　　　)

[37~38] 다음 한자어(漢字語)의 뜻을 풀이하세요.

37 溫水: (　　　　　　　　　　　　　　　　　　　　　　　)

38 遠近: (　　　　　　　　　　　　　　　　　　　　　　　)

[39~40] 다음 漢字(한자)의 진하게 표시한 획은 몇 번째 쓰는지 보기에서 찾아 그 번호를 쓰세요.

보기

① 첫 번째　　② 두 번째　　③ 세 번째　　④ 네 번째

⑤ 다섯 번째　⑥ 일곱 번째　⑦ 여덟 번째　⑧ 아홉 번째

39 急 (　　　　　)　　　　40 別 (　　　　　)

1일 6~9쪽

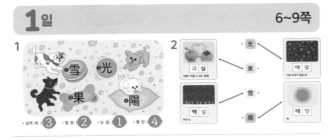

1 (1) 실과 과 (2) 빛 광 (3) 눈 설 (4) 볕 양

2 (1) ④ (2) ① (3) ② (4) ⑤

3 (1) 양지 (2) 대설 (3) 수정과

4 (1) ② (2) ③ (3) ①

5 (1) ⑤ (2) ①

6 폭설, 광경

2일 10~13쪽

1 (1) 돌 석 (2) 쌀 미 (3) 나무 수 (4) 뿌리 근

2 (1) ① (2) ③ (3) ④ (4) ⑤

3 (1) 미색 (2) 목석 (3) 과수

4 (1) ④ (2) ② (3) ③

5 (1) ④ (2) ③

6 가로수, 일석이조

3일 14~17쪽

1 (1) 큰 바다 양 (2) 꽃부리 영 (3) 바람 풍 (4) 들 야

2 (1) ⑤ (2) ② (3) ③ (4) ④

3 (1) 야생 (2) 해양 (3) 풍력

4 (1) ④ (2) ② (3) ③

5 (1) ⑦ (2) ②

6 양궁, 풍향

4일 18~21쪽

❶ 米 ❷ 雪 ❸ 風 ❹ 洋 ❺ 陽, 石 ❻ 樹, 根 ❼ 野, 英 ❽ 果, 光

1 한양 2 과연 3 해풍 4 야산 5 수목 6 광년 7 영어 8 바람 풍 9 볕 양 10 나무 수 11 눈 설 12 들 야 13 큰 바다 양 14 실과 과 15 뿌리 근 16 빛 광 17 돌 석 18 꽃부리 영 19 쌀 미 20 雪山 21 白米 22 野外 23 風土 24 西洋 25 水石 26 陽地 27 ② 28 ③ 29 ① 30 ③ 31 ② 32 ④ 33 ③ 34 ④ 35 ② 36 ③ 37 바람의 힘(세기). 38 저녁때의 볕(햇빛). 39 ③ 40 ⑥

5일 22~25쪽

1 (1) 들을 문 (2) 글 장 (3) 읽을 독 / 구절 두 (4) 글 서

2 (1) ⑤ (2) ① (3) ②, ⑦

3 (1) 소문 (2) 문장 (3) 독서실

4 (1) ② (2) ④ (3) ①

5 (1) ② (2) ⑧

6 서당, 낭독

6일 26~29쪽

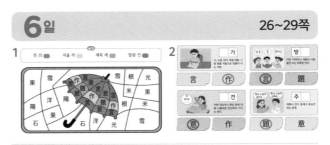

1 (1) 뜻 의 (2) 말씀 언 (3) 제목 제 (4) 지을 작

2 (1) ① (2) ③ (3) ④ (4) ⑤

3 (1) 문제 (2) 의외 (3) 명언

4 (1) ① (2) ④ (3) ③

5 (1) ⑦ (2) ③

6 동작, 무언극

7일 30~33쪽

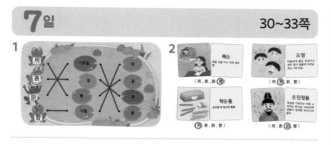

1 (1) 쓸 용 (2) 가르칠 훈 (3) 익힐 습 (4) 겉 표

2 (1) ⑤ (2) ① (3) ③ (4) ②

3 (1) 가훈 (2) 풍습 (3) 식용

4 (1) ② (2) ④ (3) ③

5 (1) ⑤ (2) ①

6 표피, 습성

8일 34~37쪽

❶ 訓 ❷ 題 ❸ 用 ❹ 表 ❺ 習 ❻ 書, 章, 作 ❼ 意, 讀 ❽ 言, 聞

1 작가 2 의중 3 독서 4 자습 5 풍문 6 소용 7 표지 8 가르칠 훈 9 익힐 습 10 들을 문 11 제목 제 12 글 서 13 쓸 용 14 겉 표 15 뜻 의 16 읽을 독 / 구절 두 17 글 장 18 말씀 언 19 지을 작 20 文章 21 訓話 22 表面 23 主題 24 動作 25 名言 26 同意 27 ③ 28 ① 29 ② 30 ④ 31 ① 32 ② 33 ② 34 ④ 35 ② 36 ④ 37 땅의 겉면. 38 이름을 지음. 39 ⑦ 40 ③

9일 38~41쪽

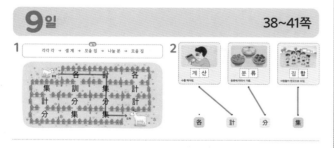

1 (1) 나눌 분 (2) 각각 각 (3) 모을 집 (4) 셀 계

2 (1) ③ (2) ① (3) ② (4) ④

3 (1) 시계 (2) 각자 (3) 집계

4 (1) ② (2) ③ (3) ①

5 (1) ③ (2) ⑧

6 채집, 부분

10일 42~45쪽

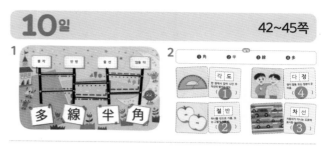

1 (1) 줄 선 (2) 뿔 각 (3) 많을 다 (4) 반 반

2 (1) ⑤ (2) ④ (3) ① (4) ②

3 (1) 후반 (2) 오선지 (3) 대다수

4 (1) ③ (2) ② (3) ④

5 (1) ⑥ (2) ②

6 다수결, 과반수

11일 46~49쪽

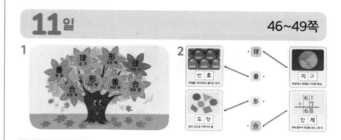

1 (1) 공 구 (2) 차례 번 (3) 모양 형 (4) 합할 합

2 (1) ⑤ (2) ④ (3) ① (4) ③

3 (1) 야구 (2) 사각형 (3) 합동

4 (1) ③ (2) ① (3) ②

5 (1) ③ (2) ⑧

6 형태, 합창

12일 50~53쪽

❶ 集 ❷ 計 ❸ 合 ❹ 番, 線 ❺ 各 ❻ 半, 分 ❼ 角, 形 ❽ 多, 球

1 직선 2 분수 3 각지 4 계산 5 전집 6 다방면 7 구장 8 나눌 분 9 모양 형 10 뿔 각 11 많을 다 12 합할 합 13 줄 선 14 차례 번 15 공 구 16 반 반 17 모을 집 18 각각 각 19 셀 계 20 三角 21 電線 22 各國 23 合心 24 集中 25 多子女 26 前半 27 ② 28 ③ 29 ③ 30 ① 31 ② 32 ② 33 ④ 34 ① 35 ④ 36 ③ 37 한 해의 반. 38 책을 많이 읽음. 39 ④ 40 ④

13일 54~57쪽

1 (1) 강할 강 (2) 소리 음 (3) 약할 약 (4) 재주 술

2 (1) ② (2) ⑤ (3) ① (4) ④

3 (1) 강약 (2) 수술 (3) 음색

4 (1) ① (2) ④ (3) ③

5 (1) ⑤ (2) ③

6 소음, 약화

14일 58~61쪽

1 (1) 누를 황 (2) 대할 대 (3) 밝을 명 (4) 푸를 록(녹)

2 (1) ③ (2) ④ (3) ② (4) ⑤

3 (1) 녹지 (2) 대답 (3) 분명

4 (1) ④ (2) ① (3) ②

5 (1) ③ (2) ①

6 황사, 대처

15일 62~65쪽

1 (1) 아름다울 미 (2) 그림 화 / 그을 획 (3) 느낄 감 (4) 그림 도

2 (1) ③ (2) ① (3) ②, ⑤

3 (1) 지도 (2) 소감 (3) 미술

4 (1) ② (2) ① (3) ④

5 (1) ⑧ (2) ④

6 풍속화, 화가, 실감

16일 66~69쪽

❶ 畫, 圖 ❷ 術 ❸ 明, 綠 ❹ 對 ❺ 美 ❻ 黃 ❼ 強, 弱 ❽ 音, 感

1 대립 2 명화 3 미식가 4 화술 5 명백 6 도표 7 감동 8 느낄 감 9 재주 술 10 약할 약 11 소리 음 12 누를 황 13 강할 강 14 밝을 명 15 대할 대 16 푸를 록(녹) 17 그림 도 18 아름다울 미 19 그림 화 / 그을 획 20 對答 21 綠色 22 強風 23 音色 24 光明 25 黃金 26 美人 27 圖形 28 ② 29 ① 30 ④ 31 ③ 32 ② 33 ③ 34 ④ 35 ① 36 ③ 37 힘이 강한 나라. 38 크게 느끼어 마음이 움직임. 39 ① 40 ⑥

17일 70~73쪽

1 (1) 비로소 시 (2) 이제 금 (3) 예 고 (4) 짧을 단

2 (1) ② (2) ④ (3) ⑤ (4) ①

3 (1) 시구 (2) 단시간 (3) 동서고금

4 (1) ④ (2) ① (3) ③

5 (1) ③ (2) ②

6 고조선, 지금

18일 74~77쪽

1 (1) 아침 조 (2) 밤 야 (3) 낮 주 (4) 어제 작

2 (1) ① (2) ⑤ (3) ③ (4) ②

3 (1) 왕조 (2) 주간 (3) 야광

4 (1) ③ (2) ② (3) ①

5 (1) ⑤ (2) ⑦

6 주행성, 야행성

19일 79~81쪽

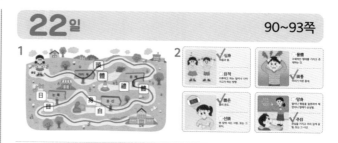

1 (1) 새 신 (2) 길 영 (3) 말미암을 유 (4) 나타날 현

2 (1) ③ (2) ④ (3) ① (4) ⑤

3 (1) 유래 (2) 현장 (3) 신문

4 (1) ④ (2) ① (3) ②

5 (1) ① (2) ⑥

6 <u>현상</u>, 이<u>유</u>

20일 82~85쪽

❶ 昨 ❷ 朝, 新 ❸ 古, 永 ❹ 晝 ❺ 短 ❻ 夜, 今
❼ 由 ❽ 始, 現

1 자유 2 작년 3 시동 4 표현 5 만고 6 주야
7 단명 8 나타날 현 9 이제 금 10 밤 야 11 말미
암을 유 12 길 영 13 낮 주 14 새 신 15 아침 조
16 예고 17 어제 작 18 짧을 단 19 비로소 시
20 始作 21 今年 22 短時日 23 朝食 24 出現
25 新人 26 永永 27 ③ 28 ① 29 ② 30 ②
31 ③ 32 ④ 33 ④ 34 ① 35 ④ 36 ③ 37
어제와 오늘. 38 밤에 먹는 음식. 39 ④ 40 ⑧

21일 86~89쪽

1 (1) 귀신 신 (2) 놈 자 (3) 손자 손 (4) 아이 동

2 (1) ② (2) ④ (3) ① (4) ③

3 (1) 기자 (2) 신동 (3) 후손

4 (1) ② (2) ① (3) ④

5 (1) ④ (2) ③

6 <u>귀신</u>, 자<u>손</u>

22일 90~93쪽

1 (1) 몸 체 (2) 눈 목 (3) 머리 두 (4) 몸 신

2 (1) ① (2) ⑤ (3) ②, ④

3 (1) 제목 (2) 신체 (3) 선두

4 (1) ① (2) ④ (3) ③

5 (1) ⑥ (2) ④

6 <u>목격자</u>, <u>두상</u>

23일 94~97쪽

1 (1) 재주 재 (2) 오얏 / 성 리(이) (3) 죽을 사 (4) 성 박

2 (1) ③ (2) ④ (3) ⑤ (4) ②

3 (1) 이수 (2) 사력 (3) 천재

4 (1) ③ (2) ① (3) ④

5 (1) ⑦ (2) ⑥

6 <u>재능</u>, 사<u>후</u>

24일 98~101쪽

❶ 童 ❷ 孫 ❸ 身, 體 ❹ 目, 才 ❺ 頭 ❻ 李, 死,
神 ❼ 朴 ❽ 者

1 출신 2 두각 3 독자 4 영재 5 후손 6 동화
7 사체 8 손자 손 9 몸 체 10 아이 동 11 성 박
12 죽을 사 13 귀신 신 14 재주 재 15 눈 목 16
몸 신 17 머리 두 18 오얏 / 성 리(이) 19 놈 자
20 長身 21 王孫 22 女神 23 頭目 24 弱者 25
天才 26 死力 27 ② 28 ③ 29 ③ 30 ④ 31
① 32 ② 33 ④ 34 ④ 35 ① 36 ③ 37 몸
의 무게. 38 어린아이의 마음. 39 ⑤ 40 ④

25일 102~105쪽

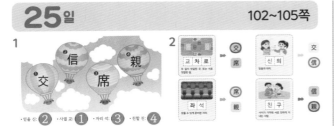

1 (1) 사귈 교 (2) 친할 친 (3) 믿을 신 (4) 자리 석

2 (1) ⑤ (2) ① (3) ② (4) ③

3 (1) 교신 (2) 친형제 (3) 합석

4 (1) ③ (2) ② (3) ①

5 (1) ⑤ (2) ③

6 친밀, 교감

26일 106~109쪽

1 (1) 이름 호 (2) 나눌 반 (3) 필 발 (4) 공 공

2 (1) ② (2) ④ (3) ⑤ (4) ③

3 (1) 국호 (2) 반장 (3) 발표

4 (1) ④ (2) ② (3) ③

5 (1) ⑤ (2) ③

6 발명, 기호

27일 110~113쪽

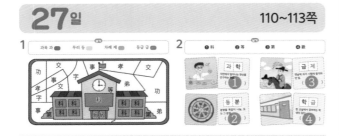

1 (1) 과목 과 (2) 등급 급 (3) 무리 등 (4) 차례 제

2 (1) ④ (2) ⑤ (3) ① (4) ②

3 (1) 급훈 (2) 제일 (3) 등수

4 (1) ② (2) ③ (3) ④

5 (1) ⑥ (2) ④

6 계급, 평등

28일 114~117쪽

❶ 班 ❷ 發 ❸ 信 ❹ 席 ❺ 第, 號 ❻ 等, 親 ❼ 交, 科 ❽ 級, 功

1 발명 2 답신 3 교감 4 번호 5 급수 6 친분 7 유공자 8 나눌 반 9 차례 제 10 과목 과 11 친할 친 12 무리 등 13 자리 석 14 이름 호 15 믿을 신 16 공 공 17 등급 급 18 필 발 19 사귈 교 20 親兄 21 一等 22 立席 23 中級 24 發生 25 外交 26 內科 27 ③ 28 ① 29 ② 30 ④ 31 ① 32 ③ 33 ② 34 ③ 35 ④ 36 ① 37 나라의 이름. 38 믿지 아니함. 또는 믿지 못함. 39 ⑥ 40 ④

29일 118~121쪽

1 (1) 서울 경 (2) 길 로(노) (3) 동산 원 (4) 고을 군

2 (1) ④ (2) ① (3) ② (4) ③

3 (1) 군민 (2) 등산로 (3) 수목원

4 (1) ③ (2) ② (3) ④

5 (1) ⑤ (2) ③

6 동물원, 식물원, 도로

30일 122~125쪽

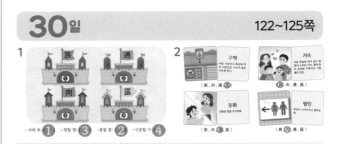

1 (1) 겨레 족 (2) 통할 통 (3) 구분할 / 지경 구 (4) 향할 향

2 (1) ③ (2) ① (3) ④ (4) ⑤

3 (1) 민족 (2) 남향 (3) 교통

4 (1) ① (2) ④ (3) ②

5 (1) ② (2) ③

6 핵가족, 소통

31일
126~129쪽

1

1 (1) 떼 부 (2) 집 당 (3) 뜰 정 (4) 지경 계

2 (1) ② (2) ① (3) ④ (4) ⑤

3 (1) 식당 (2) 각계 (3) 부문

4 (1) ① (2) ④ (3) ②

5 (1) ⑥ (2) ④

6 사<u>당</u>, 세<u>계</u>

32일
130~133쪽

❶ 部 ❷ 向 ❸ 堂, 庭 ❹ 族 ❺ 界 ❻ 郡, 園 ❼ 區 ❽ 京, 通, 路

1 과수원　2 노선　3 구분　4 통학　5 향상　6 가족 7 정원　8 향할 향　9 통할 통　10 고을 군　11 동산 원　12 집 당　13 뜰 정　14 겨레 족　15 지경 계 16 떼 부　17 서울 경　18 구분할 / 지경 구　19 길 로 (노)　20 車路　21 世界　22 民族　23 通路　24 方向 25 花園　26 上京　27 ③　28 ①　29 ②　30 ② 31 ①　32 ③　33 ④　34 ③　35 ②　36 ③　37 학교 안의 뜰.　38 남쪽으로 향함. 또는 그 방향.　39 ⑥ 40 ⑧

33일
134~137쪽

1

1 (1) 법 식 (2) 예도 례(예) (3) 공평할 공 (4) 대신할 대

2 (1) ④ (2) ③ (3) ⑤ (4) ②

3 (1) 예식장 (2) 공식 (3) 현대

4 (1) ① (2) ③ (3) ②

5 (1) ⑤ (2) ②

6 <u>시대</u>, 방식

34일
138~141쪽

1

1 (1) 모일 사 (2) 모일 회 (3) 법도 도 / 헤아릴 탁 (4) 법식 례(예)

2 (1) ④ (2) ③, ⑤

3 (1) 예문 (2) 회사 (3) 강도

4 (1) ③ (2) ② (3) ④

5 (1) ④ (2) ③　　　6 사교장, 연주<u>회</u>장

35일
142~145쪽

1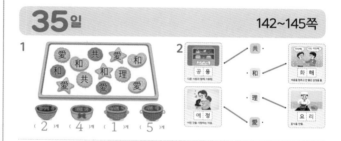

1 (1) 한가지 공 (2) 다스릴 리(이) (3) 사랑 애 (4) 화할 화

2 (1) ① (2) ④ (3) ③ (4) ②

3 (1) 이유 (2) 화합 (3) 공감

4 (1) ③ (2) ① (3) ②

5 (1) ② (2) ④　　　6 조<u>화</u>, 공생

36일
146~149쪽

❶ 例 ❷ 共 ❸ 社, 會 ❹ 愛, 和 ❺ 禮 ❻ 度 ❼ 式, 理 ❽ 代, 公

1 공원　2 시대　3 애용　4 형식　5 용례　6 회식 7 각도　8 모일 사　9 법식 례(예)　10 한가지 공　11 화할 화　12 예도 례(예)　13 공평할 공　14 다스릴 리 (이)　15 대신할 대　16 모일 회　17 사랑 애　18 법 도 도 / 헤아릴 탁　19 법 식　20 共同　21 愛人　22 社長　23 平和　24 公正　25 方式　26 大會　27 ① 28 ③　29 ②　30 ②　31 ④　32 ①　33 ①　34 ② 35 ③　36 ②　37 모임을 가지는 장소.　38 자신의 나 라를 사랑하는 사람.　39 ④　40 ⑤

37일 150~153쪽

1 (1) 쓸 고 (2) 살필 성 / 덜 생 (3) 잃을 실 (4) 다행 행

2 (1) ③ (2) ② (3) ① (4) ⑤

3 (1) 실례 (2) 다행 (3) 자성

4 (1) ② (2) ③ (3) ④

5 (1) ③ (2) ①

6 행운, 실망

38일 154~157쪽

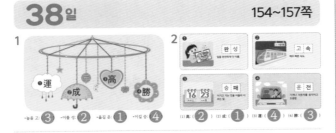

1 (1) 옮길 운 (2) 이룰 성 (3) 이길 승 (4) 높을 고

2 (1) ③ (2) ① (3) ④ (4) ⑤

3 (1) 운동장 (2) 성장 (3) 고급

4 (1) ③ (2) ① (3) ②

5 (1) ② (2) ④

6 광합성, 운반

39일 158~161쪽

1 (1) 업 업 (2) 이할 리(이) (3) 싸움 전 (4) 날랠 용

2 (1) ① (2) ③ (3) ⑤ (4) ②

3 (1) 유리 (2) 학업 (3) 출전

4 (1) ③ (2) ② (3) ①

5 (1) ⑥ (2) ⑤

6 전투, 업적

40일 162~165쪽

❶ 高 ❷ 利 ❸ 成, 戰 ❹ 業 ❺ 幸 ❻ 勝, 苦 ❼ 失, 運 ❽ 省, 勇

1 승자 2 작전 3 행운 4 성공 5 용기 6 휴업 7 이용 8 높을 고 9 이룰 성 10 옮길 운 11 업 업 12 이길 승 13 날랠 용 14 싸움 전 15 다행 행 16 잃을 실 17 이할 리(이) 18 쓸 고 19 살필 성 / 덜 생 20 高音 21 苦生 22 不幸 23 出戰 24 失手 25 作業 26 大勝 27 ① 28 ③ 29 ② 30 ③ 31 ① 32 ④ 33 ③ 34 ④ 35 ② 36 ① 37 전쟁을 얼마 동안 멈추는 일. 38 운동 경기 등에서 여러 번 이김. 39 ⑤ 40 ⑥

41일 166~169쪽

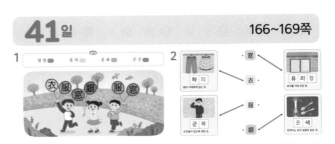

1 (1) 옷 복 (2) 은 은 (3) 옷 의 (4) 창 창

2 (1) ② (2) ① (3) ③, ⑤

3 (1) 양은 (2) 내복 (3) 의식주

4 (1) ④ (2) ② (3) ①

5 (1) ⑥ (2) ⑤

6 한복, 의상

42일 170~173쪽

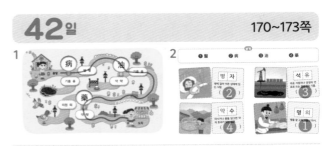

1 (1) 의원 의 (2) 기름 유 (3) 병 병 (4) 약 약

2 (1) ① (2) ④ (3) ③ (4) ②

3 (1) 감기약 (2) 문병 (3) 의술

4 (1) ③ (2) ④ (3) ①

5 (1) ④ (2) ⑥

6 의학, 병균, 질병, 약물

43일

186~189쪽

1 (1) 놓을 방 (2) 하여금 / 부릴 사 (3) 열 개 (4) 부을 주

2 (1) ① (2) ② (3) ⑤ (4) ④

3 (1) 개학 (2) 천사 (3) 주의

4 (1) ④ (2) ② (3) ③

5 (1) ③ (2) ④

6 방화, <u>공개</u>

44일

178~181쪽

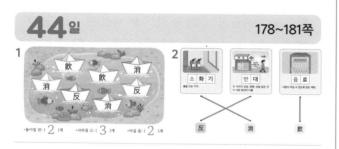

1 (1) 사라질 소 (2) 마실 음 (3) 돌이킬 / 돌아올 반

2 (1) ① (2) ③ (3) ⑤

3 (1) 반면 (2) 소화 (3) 미음

4 (1) ② (2) ③ (3) ①

5 (1) ① (2) ④

6 <u>음식물</u>, <u>소화</u>

45일

182~185쪽

❶ 開, 窓 ❷ 病 ❸ 醫, 放 ❹ 反 ❺ 飮, 藥 ❻ 油, 消 ❼ 使, 注 ❽ 銀, 衣服

1 방출 **2** 소실 **3** 개통 **4** 교복 **5** 반성 **6** 석유 **7** 사용 **8** 명의 **9** 옷 복 **10** 창 창 **11** 놓을 방 **12** 은 은 **13** 마실 음 **14** 약 약 **15** 병 병 **16** 열 개 **17** 의원 의 **18** 부을 주 **19** 하여금 / 부릴 사 **20** 옷 의 **21** 內衣 **22** 窓門 **23** 藥水 **24** 注油 **25** 病室 **26** 開學 **27** 米飮 **28** ③ **29** ④ **30** ① **31** ② **32** ③ **33** ① **34** ② **35** ④ **36** ① **37** 먹으면 죽는 약. **38** 아래에 입는 옷. **39** ⑥ **40** ④

46일

186~189쪽

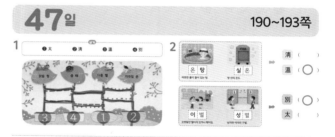

1 (1) 있을 재 (2) 다닐 행 / 항렬 항 (3) 정할 정 (4) 기다릴 대

2 (1) ⑤ (2) ② (3) ① (4) ④

3 (1) 안정 (2) 운행 (3) 고대

4 (1) ③ (2) ① (3) ④

5 (1) ③ (2) ⑧

6 행성, 존<u>재</u>

47일

190~193쪽

1 (1) 따뜻할 온 (2) 맑을 청 (3) 다를 / 나눌 별 (4) 클 태

2 (1) ④ (2) ② (3) ③ (4) ①

3 (1) 기온 (2) 청명 (3) 각별

4 (1) ② (2) ① (3) ④

5 (1) ④ (2) ⑥

6 <u>수온</u>, 청정

48일

194~197쪽

1 (1) 멀 원 (2) 급할 급 (3) 가까울 근 (4) 빠를 속

2 (1) ⑤ (2) ① (3) ② (4) ③

3 (1) 친근 (2) 속도 (3) 다급

4 (1) ③ (2) ④ (3) ②

5 (1) ① (2) ⑥

6 근거리, <u>원거리</u>

6급 바른 답

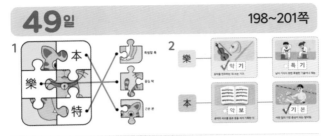

49일 198~201쪽

1 (1) 근본 본 (2) 즐길 락(낙) / 노래 악 / 좋아할 요 (3) 특별할 특   2 (1) ② (2) ③ (3) ④

3 (1) 본분 (2) 음악 (3) 특급   4 (1) ③ (2) ② (3) ①

5 (1) ② (2) ①   6 국악, 특징

50일 202~205쪽

❶ 溫 ❷ 近 ❸ 別 ❹ 本 ❺ 淸, 行 ❻ 太, 特, 在 ❼ 定, 樂, 待 ❽ 遠, 急, 速

1 재학 2 급속 3 온화 4 태양 5 특별 6 근래 7 낙원 8 맑을 청 9 급할 급 10 가까울 근 11 다를 / 나눌 별 12 따뜻할 온 13 특별할 특 14 있을 재 15 근본 본 16 정할 정 17 기다릴 대 18 멀 원 19 빠를 속 20 定時 21 速力 22 音樂 23 行人 24 溫室 25 本名 26 近方 27 ① 28 ③ 29 ② 30 ② 31 ③ 32 ④ 33 ③ 34 ④ 35 ③ 36 ② 37 따뜻한 물. 38 멀고 가까움. 39 ④ 40 ⑤

6급Ⅱ 문제지 1회 216~218쪽

1 대표 2 공간 3 청명 4 기분 5 육각형 6 매일 7 체중 8 백설 9 집중 10 외과 11 발음 12 자신 13 현장 14 공공 15 출제 16 세계 17 용지 18 신동 19 도면 20 약초 21 화급 22 시작 23 생명 24 동물 25 주의 26 반성 27 소문 28 행운 29 대화 30 동등 31 편리 32 창구 33 각각 34 실과 과 35 읽을 독 / 구절 두 36 마을 리(이) 37 마실 음 38 살 활 39 왼 좌 40 대답 답 41 바람 풍 42 뜰 정 43 약할 약 44 집 가 45 모일 회 46 집 당 47 재주 재 48 줄 선 49 다스릴 리(이) 50 차례 제 51 사라질 소 52 꽃 화 53 떼 부 54 공구 55 업 업 56 재주 술 57 과목 과 58 빛 광 59 흙 토 60 새 신 61 날랠 용 62 ① 63 ③ 64 ④ 65 ② 66 ⑥ 67 ② 68 南北 69 女王

(우측 상단 이어서)

70 父母 71 兄弟 72 三寸 73 軍人 74 大門 75 三月 76 敎室 77 山中 78 ⑤ 79 ⑧ 80 ⑦

6급 문제지 2회 219~222쪽

1 동창 2 야식 3 금년 4 시간 5 악장 6 해풍 7 특실 8 속력 9 독서 10 민족 11 공감 12 구분 13 소실 14 현재 15 병석 16 번호 17 통행 18 온수 19 손자 20 합의 21 예식 22 양지 23 의술 24 각국 25 제목 26 노선 27 체육 28 과연 29 개시 30 작별 31 유래 32 영원 33 의외 34 서울 경 35 사귈 교 36 글 서 37 놈 자 38 향할 향 39 눈 설 40 돌 석 41 이길 승 42 부을 주 43 믿을 신 44 은 은 45 약약 46 고을 군 47 어제 작 48 말씀 언 49 들을 문 50 사랑 애 51 머리 두 52 가까울 근 53 뿔 각 54 동산 원 55 클 태 56 ④ 57 ② 58 ③ 59 ③ 60 ② 61 ④ 62 ① 63 ⑧ 64 ⑤ 65 ② 66 ⑤ 67 ③ 68 正直 69 孝女 70 姓名 71 東海 72 動物 73 花草 74 人事 75 農事 76 室內 77 便紙 78 秋夕 79 四方 80 校門 81 後食 82 空氣 83 不足 84 安全 85 先祖 86 入口 87 午前 88 ⑩ 89 ② 90 ⑤

6급 문제지 3회 223~226쪽

1 태평양 2 영특 3 서당 4 반년 5 야외 6 은 7 남향 8 통로 9 강약 10 고생 11 석공 12 임업 13 국기 14 전부 15 훈육 16 승자 17 모교 18 등분 19 다행 20 유용 21 교대 22 방심 23 주야 24 화실 25 두각 26 풍습 27 주유 28 표면 29 운행 30 불리 31 상경 32 가전 33 형언 34 눈 목 35 구분할 / 지경 구 36 기다릴 대 37 아침 조 38 법식 례(예) 39 차례 번 40 말씀 어 41 잃을 실 42 글 장 43 있을 재 44 법도 도 / 헤아릴 탁 45 빛 색 46 합할 합 47 나타날 현 48 뜻 의 49 한가지 공 50 볕 양 51 자리 석 52 이름 호 53 말미암을 유 54 느낄 감 55 따뜻할 온 56 ③ 57 ① 58 ④ 59 ④ 60 ③ 61 ② 62 ④ 63 ② 64 ④ 65 ⑥ 66 ⑤ 67 ① 68 方面 69 老人 70 海軍 71 左右 72 日記 73 每月 74 正答 75 靑春 76 火力 77 校長 78 登山 79 下車 80 有名 81 不安 82 場所 83 漢字 84 市內 85 手話 86 食口 87 住民 88 ④ 89 ⑧ 90 ⑤

한자능력검정시험
대비 모의 시험

6급

한자능력검정시험 대비 모의 시험 유의사항

- 본 모의 시험은 (사)한국어문회 주관·한국한자능력검정회 시행 시험 문제 유형으로 출제하였습니다. <하루 한장 급수 한자 6급> 학습을 마친 다음에 풀어 보세요.

- 실제 한자능력검정시험 6급의 시험 시간은 50분입니다. 시험 시간을 지키며 1회 분량씩 문제지를 풀어 보세요.

- 문제지와 함께 답안지를 제공하였습니다. 답안지를 자른 다음 사용하세요.

- 모의 시험 문제지를 모두 풀이한 다음 본 교재의 바른 답(214쪽)을 보고 채점하여 자신의 실력을 점검해 보세요. 틀린 문제는 다시 풀어 보세요.

6級Ⅱ

시험 문항: 80문항 / 시험 시간: 50분 / 시험 일자: 20○○. ○○. ○○.

* 성명과 수험 번호를 쓰고 문제지와 답안지는 함께 제출하세요.

성명 (　　　　　　　) 수험 번호 □□□-□□-□□□□

[1~32] 다음 밑줄 친 漢字語의 讀音을 쓰세요.

보기	漢字 ➡ 한자

[1] 민요는 우리나라를 <u>代表</u>하는 노래입니다.

[2] 좁은 <u>空間</u>에 사람들이 꽉 들어차 있습니다.

[3] 오늘은 하늘도 푸르고 날씨도 <u>淸明</u>합니다.

[4] 맛있는 것을 먹고 나니 <u>氣分</u>이 풀어졌습니다.

[5] 벌들은 벌집을 <u>六角形</u>으로 튼튼하게 짓습니다.

[6] 건강을 위해 <u>每日</u> 아침에 물 한 잔을 마십니다.

[7] 갑자기 <u>體重</u>이 늘어나 맞는 옷이 거의 없습니다.

[8] 밤새 <u>白雪</u>이 내려 온 세상이 하얗게 변했습니다.

[9] 이번 <u>集中</u> 호우로 우리 마을이 물에 잠겼습니다.

[10] 무릎이 깨져서 <u>外科</u>에 가서 치료를 받았습니다.

[11] 'ㅔ'와 'ㅐ'를 구별해서 <u>發音</u>하기가 어렵습니다.

[12] 선수들은 <u>自信</u> 있는 태도로 시합에 나섰습니다.

[13] 건물 붕괴 <u>現場</u>에서는 연기가 치솟고 있습니다.

[14] 집 근처 <u>公共</u> 도서관으로 책을 빌리러 갔습니다.

[15] 이번 시험은 대체적으로 어렵게 <u>出題</u>되었습니다.

[16] 이 작품은 <u>世界</u> 영화제에서 감독상을 받았습니다.

[17] 복사기에 <u>用紙</u>가 걸려 지금은 사용할 수 없습니다.

[18] 그는 아주 어릴 때『천자문』을 뗀 <u>神童</u>이었습니다.

[19] 건물을 지으려면 먼저 설계 <u>圖面</u>을 그려야 합니다.

[20] 할아버지께서는 산에서 <u>藥草</u>를 캐다 달이셨습니다.

[21] 호출을 받은 의사가 <u>火急</u>하게 응급실로 달려갑니다.

[22] 공연 <u>始作</u> 전에 휴대 전화를 무음으로 바꾸었습니다.

[23] 그는 사람의 <u>生命</u>을 구하기 위해 최선을 다했습니다.

[24] 환경 단체에서 <u>動物</u>의 멸종을 막기 위해 노력합니다.

[25] 여름철에는 식중독에 걸리지 않게 <u>注意</u>해야 합니다.

[26] 지금까지 낭비하며 살았던 것을 <u>反省</u>하고 있습니다.

[27] 우리 아파트에 유명 가수가 산다고 <u>所聞</u>이 났습니다.

[28] 서양에서는 숫자 7이 <u>幸運</u>을 가져다준다고 여깁니다.

[29] 스마트폰 사용 이후 가족 간의 <u>對話</u>가 줄어들었습니다.

[30] 장애인에게도 참여할 기회를 <u>同等</u>하게 주어야 합니다.

[31] 교통이 발달하여 다른 지역으로 이동이 <u>便利</u>해졌습니다.

[32] 은행에서 번호표를 뽑고 <u>窓口</u>에서 차례를 기다렸습니다.

[33~61] 漢字의 訓(훈: 뜻)과 音을 쓰세요.

보기	字 ➔ 글자 자

[33] 各

[34] 果

[35] 讀

[36] 里

[37] 飮

[38] 活

[39] 左

[40] 答

[41] 風

[42] 庭

[43] 弱

[44] 家

[45] 會

[46] 堂

[47] 才

[48] 線

[49] 理

[50] 第

[51] 消

[52] 花

[53] 部

[54] 球

[55] 業

[56] 術

[57] 科

[58] 光

[59] 土

[60] 新

[61] 勇

[62~63] 다음 중 뜻이 서로 반대(또는 상대)되는 漢字끼리 연결되지 않은 것을 찾아 그 번호를 쓰세요.

[62] ① 書 ↔ 文　② 短 ↔ 長
③ 和 ↔ 戰　④ 高 ↔ 下

[63] ① 先 ↔ 後　② 身 ↔ 心
③ 計 ↔ 算　④ 古 ↔ 今

[64~65] 다음 문장에 어울리는 漢字語가 되도록 ( ) 안에 알맞은 漢字를 〈보기〉에서 찾아 그 번호를 쓰세요.

보기	① 室　② 成　③ 家　④ 放

[64] ( )學을 맞아 일주일 동안 할머니 댁에서 지냈습니다.

[65] 끊임없는 연구로 신제품을 개발하는 데 ( )功했습니다.

[66~67] 다음 뜻에 맞는 漢字語를 〈보기〉에서 찾아 그 번호를 쓰세요.

보기	① 入社	② 會食
	③ 農村	④ 內外
	⑤ 安樂	⑥ 半數

[66] 전체를 둘로 똑같이 나눈 수.

[67] 여러 사람이 모여 함께 음식을 먹는 것.

[68~77] 다음 밑줄 친 漢字語를 漢字로 쓰세요.

[68] 이 다리는 남북으로 길게 뻗어 있습니다.

[69] 여왕벌이 수만 마리의 벌들을 거느립니다.

[70] 모든 부모는 자식들을 아끼고 사랑합니다.

[71] 우리 형제는 친구처럼 사이좋게 지냅니다.

[72] 삼촌의 결혼식에 친척들이 모두 모였습니다.

[73] 군인들이 발을 맞추어 씩씩하게 행진을 합니다.

[74] 누군가가 우리 집 대문을 두드리고 도망갔습니다.

[75] 삼월이 되면 새로운 선생님과 친구들을 만납니다.

[76] 수업 종이 울리자 선생님께서 교실로 들어오셨습니다.

[77] 깊은 산중에서 길을 잃어 구조를 기다리고 있습니다.

[78~80] 다음 漢字의 짙게 표시한 획은 몇 번째 쓰는 획인지 〈보기〉에서 찾아 그 번호를 쓰세요.

보기	① 첫 번째	② 두 번째
	③ 세 번째	④ 네 번째
	⑤ 다섯 번째	⑥ 여섯 번째
	⑦ 일곱 번째	⑧ 여덟 번째
	⑨ 아홉 번째	⑩ 열 번째
	⑪ 열한 번째	

[78] 老

[79] 風

[80] 窓

♣ 수고하셨습니다.

〈끝〉

6級

시험 문항: 90문항 / 시험 시간: 50분 / 시험 일자: 20○○. ○○. ○○.

* 성명과 수험 번호를 쓰고 문제지와 답안지는 함께 제출하세요.

성명 (   )   수험 번호 □□□-□□-□□□□

[1~33] 다음 밑줄 친 漢字語의 讀音을 쓰세요.

보기	漢字 ➡ 한자

[1] 오랜만에 초등학교 <u>同窓</u>들을 만났습니다.

[2] <u>夜食</u>을 자주 먹는 것은 건강에 해롭습니다.

[3] <u>今年</u> 여름은 예년에 비해 무덥다고 합니다.

[4] 약속 <u>時間</u>에 늦지 않으려고 택시를 탔습니다.

[5] 교향곡은 보통 4개의 <u>樂章</u>으로 이루어집니다.

[6] 이 채소는 <u>海風</u>을 맞고 자라서 맛이 좋습니다.

[7] 이 열차는 <u>特室</u>과 일반실로 구분되어 있습니다.

[8] 앞에 달리던 차가 갑자기 <u>速力</u>을 낮추었습니다.

[9] 어릴 때부터 <u>讀書</u>하는 습관을 길러 주었습니다.

[10] 우리 <u>民族</u>은 온갖 어려움을 함께 이겨 냈습니다.

[11] 내 친구의 고민에 <u>共感</u>이 되어 눈물이 났습니다.

[12] 산, 바다 같은 자연환경으로 지역을 <u>區分</u>합니다.

[13] 화재로 <u>消失</u>된 문화재가 완전히 복구되었습니다.

[14] 저녁 6시 <u>現在</u> 전국적으로 비가 내리고 있습니다.

[15] <u>病席</u>에 누워 계신 할머니를 뵈러 병원에 갔습니다.

[16] 기차표에 출발 시간과 좌석 <u>番號</u>가 적혀 있습니다.

[17] 도로 공사로 인해 <u>通行</u>에 불편을 드려 죄송합니다.

[18] <u>溫水</u>가 나오지 않아 차가운 물로 세수를 했습니다.

[19] 할아버지께서 <u>孫子</u>들에게 한자를 가르쳐 주십니다.

[20] 두 나라는 오랜 전쟁을 끝내기로 서로 <u>合意</u>했습니다.

[21] 신랑 신부는 많은 사람들 앞에서 <u>禮式</u>을 올렸습니다.

[22] <u>陽地</u> 쪽에 심어 놓은 나무에서 싹이 나기 시작합니다.

[23] 아무리 **醫術**이 발달해도 고치기 힘든 병이 있습니다.

[24] 세계 **各國**의 대표 선수들이 경기장으로 입장했습니다.

[25] 영화 **題目**이 특이해서 보고 싶다는 생각이 들었습니다.

[26] 집에서 서울까지 한 번에 가는 버스 **路線**이 생겼습니다.

[27] 이 공원에는 여러 가지 **體育** 시설이 갖추어져 있습니다.

[28] 여행을 가 보니 듣던 대로 **果然** 풍경이 아름다웠습니다.

[29] 장군의 명령이 떨어지자 병사들은 공격을 **開始**했습니다.

[30] 외국으로 이민을 가는 친구와 **作別** 인사를 나누었습니다.

[31] 샌드위치는 샌드위치 백작의 이름에서 **由來**된 음식입니다.

[32] 독립운동가들의 업적은 **永遠**히 우리 역사에 남을 것입니다.

[33] **意外**의 인물이 범인으로 밝혀져 많은 사람들이 놀랐습니다.

[34~55] 다음 漢字의 訓과 音을 쓰세요.

보기	字 ➡ 글자 자

[34] 京

[35] 交

[36] 書

[37] 者

[38] 向

[39] 雪

[40] 石

[41] 勝

[42] 注

[43] 信

[44] 銀

[45] 藥

[46] 郡

[47] 昨

[48] 言

[49] 聞

[50] 愛

[51] 頭

[52] 近

[53] 角

[54] 園

[55] 太

[56~58] 다음 漢字와 뜻이 반대(또는 상대)되는 것을 골라 그 번호를 쓰세요.

[56] 苦: ① 淸 ② 分 ③ 出 ④ 樂

[57] 死: ① 和 ② 生 ③ 親 ④ 正

[58] 强: ① 外 ② 高 ③ 弱 ④ 成

[59~60] 다음 漢字와 뜻이 같거나 비슷한 것을 골라 그 번호를 쓰세요.

[59] 身: ① 對 ② 待 ③ 體 ④ 窓

[60] 會: ① 用 ② 集 ③ 立 ④ 使

[61~62] 다음 漢字와 소리(音)는 같으나 뜻(訓)이 다른 것을 골라 그 번호를 쓰세요.

[61] 樹: ① 美 ② 半 ③ 本 ④ 水

[62] 油: ① 有 ② 朴 ③ 公 ④ 音

[63~65] 다음 사자성어의 (   ) 안에 알맞은 漢字를 〈보기〉에서 찾아 그 번호를 쓰세요.

보기	① 小 ② 計 ③ 明 ④ 重 ⑤ 多 ⑥ 身 ⑦ 口 ⑧ 古

[63] 東西(   )今: 동양과 서양, 옛날과 지금을 통틀어 이르는 말.

[64] 千萬(   )幸: 어떤 일이 뜻밖에 잘 풀려 몹시 좋음을 이르는 말.

[65] 百年大(   ): 먼 앞날까지 미리 내다보고 세우는 크고 중요한 계획.

[66~67] 다음 뜻에 맞는 漢字語를 〈보기〉에서 찾아 그 번호를 쓰세요.

보기	① 王朝 ② 地球 ③ 登山路 ④ 平野 ⑤ 童話 ⑥ 等高線

[66] 어린이를 위해 지은 이야기.

[67] 등산할 수 있도록 산에 나 있는 길.

[68~87] 다음 밑줄 친 漢字語를 漢字로 쓰세요.

보기	한자 ➔ 漢字

[68] 우리 집 가훈은 '정직하게 살자'입니다.

[69] 누나는 엄마 말씀을 잘 듣는 효녀입니다.

[70] 책과 공책에 반과 번호, 성명을 썼습니다.

[71] 올여름 휴가는 동해에 가기로 정했습니다.

[72] 우리 집은 반려동물로 고양이를 키웁니다.

[73] 화초가 시들기 전에 물을 듬뿍 주었습니다.

[74] 어른께 인사를 할 때에는 공손하게 합니다.

[75] 할아버지께서는 시골에서 농사를 지으십니다.

[76] 비가 내려 실내에서 체육 수업을 받았습니다.

[77] 어버이날에 부모님께 편지를 써서 드렸습니다.

[78] 추석에는 햇곡식으로 송편을 만들어 먹습니다.

[79] 우리 마을은 사방이 산으로 둘러싸여 있습니다.

[80] 아침에 교문 앞에서 담임 선생님을 만났습니다.

[81] 점심을 먹고 후식으로 아이스크림을 먹었습니다.

[82] 우리 집 주변에는 나무가 많아서 공기가 맑습니다.

[83] 시험 시간이 부족해서 문제를 다 풀지 못했습니다.

[84] 버스가 완전히 멈춘 뒤에 내리는 것이 안전합니다.

[85] 옛 물건에는 우리 선조들의 숨결이 담겨 있습니다.

[86] 아빠께서는 주차장 입구를 한참 만에 찾으셨습니다.

[87] 토요일에는 오전 진료만 해서 서둘러 병원에 갔습니다.

[88~90] 다음 漢字에서 진하게 표시한 획은 몇 번째 쓰는지 〈보기〉에서 찾아 그 번호를 쓰세요.

보기	① 첫 번째	② 두 번째
	③ 세 번째	④ 네 번째
	⑤ 다섯 번째	⑥ 여섯 번째
	⑦ 일곱 번째	⑧ 여덟 번째
	⑨ 아홉 번째	⑩ 열 번째
	⑪ 열한 번째	

[88] 級

[89] 畫

[90] 世

♣ 수고하셨습니다.

〈끝〉

6級

시험 문항: 90문항 / 시험 시간: 50분 / 시험 일자: 20○○. ○○. ○○.

* 성명과 수험 번호를 쓰고 문제지와 답안지는 함께 제출하세요.

성명 (   )   수험 번호 □□□-□□-□□□□

[1~33] 다음 밑줄 친 漢字語의 讀音을 쓰세요.

보기	漢字 → 한자

[1] <u>太平洋</u>은 세계에서 가장 큰 바다입니다.

[2] 그는 어려서부터 총명하고 <u>英特</u>했습니다.

[3] 옛날에는 <u>書堂</u>에서 한문 공부를 했습니다.

[4] 외국으로 유학을 온 지 <u>半年</u>이 지났습니다.

[5] <u>野外</u>로 나갈 때는 자외선 차단제를 바릅니다.

[6] 이 식당에서는 <u>銀</u>으로 만든 그릇을 사용합니다.

[7] 이 집은 <u>南向</u>으로 지어져 햇빛이 잘 들어옵니다.

[8] 오토바이 한 대가 주차장 <u>通路</u>를 막고 있습니다.

[9] 그 가수는 <u>強弱</u>을 잘 조절해서 노래를 부릅니다.

[10] 아버지의 사업 실패로 가족이 모두 <u>苦生</u>했습니다.

[11] 이 돌탑은 뛰어난 <u>石工</u>의 솜씨로 만들어졌습니다.

[12] 이 지역은 숲이 우거져 <u>林業</u>을 하기에 적합합니다.

[13] 국경일이라서 거리마다 <u>國旗</u>가 게양되어 있습니다.

[14] 경찰에게 사고 현장에서 본 것을 <u>全部</u> 말했습니다.

[15] 부모님께서는 저희 형제를 엄하게 <u>訓育</u>하셨습니다.

[16] 노래 실력이 비슷해서 <u>勝者</u>를 가리기가 어렵습니다.

[17] 그녀는 평생 모은 돈을 자신의 <u>母校</u>에 기부했습니다.

[18] 사람 수에 맞게 케이크를 여섯 <u>等分</u>으로 잘랐습니다.

[19] 이번 태풍이 우리나라를 비켜 가서 정말 <u>多幸</u>입니다.

[20] 요즘은 인터넷을 검색하여 <u>有用</u>한 정보를 얻습니다.

[21] 손님이 많아서 가게 직원들은 <u>交代</u>로 식사를 합니다.

[22] 운전할 때 순간 <u>放心</u>하면 사고가 일어날 수 있습니다.

[23] 그는 晝夜로 쉬지 않고 공부하여 시험에 합격했습니다.

[24] 전시회 때문에 畫室에서 밤늦게까지 작업을 했습니다.

[25] 요즘은 사회 각 분야에서 여성들이 頭角을 나타냅니다.

[26] 차례를 지내는 것은 옛날부터 이어 내려온 風習입니다.

[27] 아빠는 기계에서 호스를 꺼내 직접 注油를 하셨습니다.

[28] 달의 表面을 보면 웅덩이처럼 움푹 파인 곳이 많습니다.

[29] 그 섬으로 들어가는 배는 하루에 세 차례만 運行됩니다.

[30] 선수들은 不利한 상황에서도 끝까지 최선을 다했습니다.

[31] 지방의 선비들은 과거 시험을 보러 서울로 上京했습니다.

[32] 이번에 냉장고와 세탁기 같은 큰 家電을 바꾸려고 합니다.

[33] 할아버지가 돌아가셨을 때의 슬픔을 形言할 수가 없습니다.

[34~55] 다음 漢字의 訓과 音을 쓰세요.

보기	字 ➡ 글자 자

[34] 目

[35] 區

[36] 待

[37] 朝

[38] 例

[39] 番

[40] 語

[41] 失

[42] 章

[43] 在

[44] 度

[45] 色

[46] 合

[47] 現

[48] 意

[49] 共

[50] 陽

[51] 席

[52] 號

[53] 由

[54] 感

[55] 溫

[56~58] 다음 漢字와 뜻이 반대(또는 상대)되는 것을 골라 그 번호를 쓰세요.

[56] 遠: ① 急　② 強　③ 近　④ 信

[57] 多: ① 少　② 太　③ 短　④ 同

[58] 新: ① 出　② 成　③ 開　④ 古

[59~60] 다음 漢字와 뜻이 같거나 비슷한 것을 골라 그 번호를 쓰세요.

[59] 衣: ① 米　② 果　③ 邑　④ 服

[60] 本: ① 圖　② 風　③ 根　④ 村

[61~62] 다음 漢字와 소리(音)는 같으나 뜻(訓)이 다른 것을 골라 그 번호를 쓰세요.

[61] 線: ① 才　② 先　③ 公　④ 反

[62] 界: ① 天　② 今　③ 直　④ 計

[63~65] 다음 사자성어의 (　　) 안에 알맞은 漢字를 〈보기〉에서 찾아 그 번호를 쓰세요.

보기	① 江　② 淸　③ 父　④ 作 ⑤ 神　⑥ 發　⑦ 年　⑧ 弱

[63] (　　)風明月: 맑은 바람과 밝은 달.

[64] (　　)心三日: 단단히 먹은 마음이 사흘을 가지 못한다는 뜻으로, 결심이 굳지 못함을 이르는 말.

[65] 百(　　)百中: 백 번 쏘아 백 번 맞힌다는 뜻으로, 총이나 활 등을 쏠 때마다 겨눈 곳에 다 맞음을 이르는 말.

[66~67] 다음 뜻에 맞는 漢字語를 〈보기〉에서 찾아 그 번호를 쓰세요.

보기	① 安樂　② 近來　③ 生活 ④ 休戰　⑤ 死力　⑥ 道理

[66] 목숨을 아끼지 않고 쓰는 힘.

[67] 몸과 마음이 편안하고 즐거움.

[68~87] 다음 밑줄 친 漢字語를 漢字로 쓰세요.

보기	한자 → 漢字

[68] 이 방면으로 가는 길은 항상 막힙니다.

[69] 해마다 노인 인구수가 증가하고 있습니다.

[70] 삼촌은 바다를 지키는 해군에 입대했습니다.

[71] 사람과 동물의 몸은 좌우로 대칭을 이룹니다.

[72] 매일 저녁 일기를 쓰며 하루를 마무리합니다.

[73] 저는 매월 첫째 주 월요일에 용돈을 받습니다.

[74] 이 문제의 정답을 맞힌 사람은 많지 않습니다.

[75] 할머니께서는 청춘 시절이 그립다고 하십니다.

[76] 난로의 화력이 세서 방이 금세 따뜻해졌습니다.

[77] 다음은 교장 선생님의 훈화 말씀을 듣겠습니다.

[78] 주말에 집에서 가까운 곳으로 등산을 갔습니다.

[79] 이번 역에서 하차해서 버스로 갈아타야 합니다.

[80] 설악산은 경치가 아름답기로 유명한 산입니다.

[81] 발표할 차례가 다가오니 마음이 불안해졌습니다.

[82] 가족회의를 열어 나들이를 갈 장소를 정했습니다.

[83] 한글이 만들어지기 전에는 한자만 사용했습니다.

[84] 전망대에 오르니 서울 시내가 한눈에 보였습니다.

[85] 청각 장애인과 대화하기 위해 수화를 배웠습니다.

[86] 온 식구가 식탁에 모여 삼겹살을 구워 먹었습니다.

[87] 아파트 주민들이 참여하는 알뜰 시장이 열렸습니다.

[88~90] 다음 漢字에서 진하게 표시한 획은 몇 번째 쓰는지 〈보기〉에서 찾아 그 번호를 쓰세요.

보기	① 첫 번째	② 두 번째
	③ 세 번째	④ 네 번째
	⑤ 다섯 번째	⑥ 여섯 번째
	⑦ 일곱 번째	⑧ 여덟 번째
	⑨ 아홉 번째	⑩ 열 번째
	⑪ 열한 번째	

[88] 族

[89] 科

[90] 地

♣ 수고하셨습니다.

〈끝〉

수험 번호 □□□ - □□ - □□□□ 　성명: □□□□□

생년월일: □□□□□□ 　* 유성 사인펜, 붉은색 필기구 사용 불가

* 답안지는 컴퓨터로 처리되므로 구기거나 더럽히지 마시고, 정답 칸 안에만 쓰십시오.
　글씨가 채점란으로 들어오면 오답 처리가 됩니다.

한자능력검정시험 대비 6급II 문제지 **1회** 답안지(1)

답안란		채점란	답안란		채점란	답안란		채점란
번호	정답		번호	정답		번호	정답	
1			15			29		
2			16			30		
3			17			31		
4			18			32		
5			19			33		
6			20			34		
7			21			35		
8			22			36		
9			23			37		
10			24			38		
11			25			39		
12			26			40		
13			27			41		
14			28			42		

감독위원	채점위원(1)		
(서명)	(득점)	(서명)	※ 뒷면으로 이어짐.

답안란		채점란	답안란		채점란	답안란		채점란
번호	정답		번호	정답		번호	정답	
43			59			75		
44			60			76		
45			61			77		
46			62			78		
47			63			79		
48			64			80		
49			65					
50			66					
51			67					
52			68					
53			69					
54			70					
55			71					
56			72					
57			73					
58			74					

한자능력검정시험 대비 6급 문제지 **2회** 답안지(1)

번호	답안란 정답	채점란	번호	답안란 정답	채점란	번호	답안란 정답	채점란
1			15			29		
2			16			30		
3			17			31		
4			18			32		
5			19			33		
6			20			34		
7			21			35		
8			22			36		
9			23			37		
10			24			38		
11			25			39		
12			26			40		
13			27			41		
14			28			42		

감독위원	채점위원(1)		
(서명)	(득점)	(서명)	※ 뒷면으로 이어짐.

답안란		채점란	답안란		채점란	답안란		채점란
번호	정답		번호	정답		번호	정답	
43			59			75		
44			60			76		
45			61			77		
46			62			78		
47			63			79		
48			64			80		
49			65			81		
50			66			82		
51			67			83		
52			68			84		
53			69			85		
54			70			86		
55			71			87		
56			72			88		
57			73			89		
58			74			90		

수험 번호 □□□-□□-□□□□   성명: □□□□□

생년월일: □□□□□□   * 유성 사인펜, 붉은색 필기구 사용 불가

* 답안지는 컴퓨터로 처리되므로 구기거나 더럽히지 마시고, 정답 칸 안에만 쓰십시오.
  글씨가 채점란으로 들어오면 오답 처리가 됩니다.

한자능력검정시험 대비 6급 문제지 3회 답안지(1)

번호	답안란 정답	채점란	번호	답안란 정답	채점란	번호	답안란 정답	채점란
1			15			29		
2			16			30		
3			17			31		
4			18			32		
5			19			33		
6			20			34		
7			21			35		
8			22			36		
9			23			37		
10			24			38		
11			25			39		
12			26			40		
13			27			41		
14			28			42		

감독위원	채점위원(1)		
(서명)	(득점)	(서명)	※ 뒷면으로 이어짐.

답안란		채점란	답안란		채점란	답안란		채점란
번호	정답		번호	정답		번호	정답	
43			59			75		
44			60			76		
45			61			77		
46			62			78		
47			63			79		
48			64			80		
49			65			81		
50			66			82		
51			67			83		
52			68			84		
53			69			85		
54			70			86		
55			71			87		
56			72			88		
57			73			89		
58			74			90		

퍼즐 학습으로 재미있게 초등 어휘력을 키우자!

퍼즐런

하루 4개씩
25일 완성!

어휘력을 키워야 문해력이 자랍니다.
문해력은 국어는 물론 모든 공부의 기본이 됩니다.

퍼즐런 시리즈로
재미와 학습 효과 두 마리 토끼를 잡으며,
문해력과 함께 공부의 기본을
확실하게 다져 놓으세요.

Fun! Puzzle! Learn!
재미있게!   퍼즐로!   배워요!

미래엔 초등 도서 목록

초코

교과서 달달 쓰기 · 교과서 달달 풀기
1~2학년 국어 · 수학 교과 학습력을 향상시키고
초등 코어를 탄탄하게 세우는 기본 학습서
[4책] 국어 1~2학년 학기별
[4책] 수학 1~2학년 학기별

미래엔 교과서 길잡이, 초코
초등 공부의 핵심[CORE]를 탄탄하게 해 주는
슬림 & 심플한 교과 필수 학습서
[8책] 국어 3~6학년 학기별, [8책] 수학 3~6학년 학기별
[8책] 사회 3~6학년 학기별, [8책] 과학 3~6학년 학기별

전과목 단원평가
빠르게 단원 핵심을 정리하고, 수준별 문제로 실전력을 키우는
교과 평가 대비 학습서
[8책] 3~6학년 학기별

문제 해결의 길잡이

원리
8가지 문제 해결 전략으로 문장제와 서술형 문제 정복
[12책] 1~6학년 학기별

심화
문장제 유형 정복으로 초등 수학 최고 수준에 도전
[6책] 1~6학년 학년별

퍼즐런

초등 필수 어휘를 퍼즐로 재미있게 익히는 학습서
[3책] 사자성어, 속담, 맞춤법

하루한장 예비 초등

한글완성
초등학교 입학 전 한글 읽기·쓰기 동시에 끝내기
[3책] 기본 자모음, 받침, 복잡한 자모음

예비초등
기본 학습 능력을 향상하며 초등학교 입학을 준비하기
[4책] 국어, 수학, 통합교과, 학교생활

하루한장 독해

독해 시작편
초등학교 입학 전 기본 문해력 익히기 30일 완성
[2책] 문장으로 시작하기, 짧은 글 독해하기

어휘
문해력의 기초를 다지는 초등 필수 어휘 학습서
[6책] 1~6학년 단계별

독해
국어 교과서와 연계하여 문해력의 기초를 다지는 독해 기본서
[6책] 1~6학년 단계별

독해+플러스
본격적인 독해 훈련으로 문해력을 향상시키는 독해 실전서
[6책] 1~6학년 단계별

비문학 독해 (사회편·과학편)
비문학 독해로 배경지식을 확장하고 문해력을 완성시키는
독해 심화서
[사회편 6책, 과학편 6책] 1~6학년 단계별

초등학교에서 탄탄하게 닦아 놓은
공부력이 중·고등 학습의 실력을 가릅니다.

하루한장 쏙셈

쏙셈 시작편
초등학교 입학 전 연산 시작하기
[2책] 수 세기, 셈하기

쏙셈
교과서에 따른 수·연산·도형·측정까지 계산력 향상하기
[12책] 1~6학년 학기별

쏙셈+플러스
문장제 문제부터 창의·사고력 문제까지 수학 역량 키우기
[12책] 1~6학년 학기별

쏙셈 분수·소수
3~6학년 분수·소수의 개념과 연산 원리를 집중 훈련하기
[분수 2책, 소수 2책] 3~6학년 학년군별

하루한장 한국사

큰별★쌤 최태성의 한국사
최태성 선생님의 재미있는 강의와 시각 자료로
역사의 흐름과 사건을 이해하기
[3책] 3~6학년 시대별

하루한장 한자

그림 연상 한자로 교과서 어휘를 익히고 급수 시험까지 대비하기
[4책] 1~2학년 학기별

하루한장 급수 한자

하루한장 한자 학습법으로 한자 급수 시험 완벽하게 대비하기
[3책] 8급, 7급, 6급

하루한장 ENGLISH BITE

ENGLISH BITE 알파벳 쓰기
알파벳을 보고 듣고 따라쓰며 읽기·쓰기 한 번에 끝내기
[1책]

ENGLISH BITE 파닉스
자음과 모음 결합 과정의 발음 규칙 학습으로
영어 단어 읽기 완성
[2책] 자음과 모음, 이중자음과 이중모음

ENGLISH BITE 사이트 워드
192개 사이트 워드 학습으로 리딩 자신감 키우기
[2책] 단계별

ENGLISH BITE 영문법
문법 개념 확인 영상과 함께 영문법 기초 실력 다지기
[Starter 2책 , Basic 2책] 3~6학년 단계별

ENGLISH BITE 영단어
초등 영어 교육과정의 학년별 필수 영단어를
다양한 활동으로 익히기
[4책] 3~6학년 단계별

초등 교과서 발행사 미래엔의
교재로 초등 시기에 길러야 하는
공부력을 강화해 주세요.

하루 한장

초등 국어 교과서 발행사 미래엔의
★★★★ 문해력 향상 프로젝트

문해력의 기본을 다져요

1~6학년 단계별 총 6책

1~6학년 단계별 총 6책

하루 한장 어휘로 **필수 어휘** 익히고!

❶ 학습 단계별로 필수 어휘를 선정하고 난이도를
   구분하여 어휘 실력을 키워 갑니다.
❷ 독해 지문을 읽고 문제를 풀어보면서 어휘 실력
   을 확인합니다.
❸ 교과서 및 실생활 등에서 사용하는 어휘 활용을
   익혀 문해력의 바탕을 다집니다.

하루 한장 독해로 **기본 독해력**을 다지고!

❶ 초등 학습의 바탕이 되는 문해력의 기본을 다질 수 있
   습니다.
❷ 교과 학습 단계에 맞추어 체계적으로 실력을 키워 독
   해의 자신감을 기릅니다.
❸ 새 교육과정에 따라 다양한 지문과 매체 자료 등을 독
   해합니다.